Reizen en Schrijven

Van dezelfde auteur

kleintje Wombat. Verre bestemmingen dichtbij
De zuilen van Jerash
De olifanten van Botswana
De dhows van Sur
De zebra's van Namibië
De baobabs van Morondava
De vissers van Tanji
De vrouwen van Kafountine
De muren van Kubuneh
De weg naar Tendaba

In samenwerking met Boekenplan
In Namibië
Ghana een reis op het ritme van de drums
Myanmar reizen door het Gouden Land
De drums van Timkat
Starende beelden op Rapa Nui
In Boeddha's schaduw

Ada Rosman-Kleinjan

Reizen en Schrijven

'Ik heb het nog nooit gedaan dus ik denk dat ik het wel kan'

Pippi Langkous

Inhoud

Een boek maken *10*
De doe-het-zelver: De Selfpubber *21*
En toen... *23*
De grens over *29*
kleintje Wombat. Verre bestemmingen dichtbij *31*
Handige tips tijdens het reizen *35*
Terwijl je aan het schrijven bent *37*
       Indeling van je boek *45*
       Copyright en privacy *46*
Printing on demand of toch een reguliere uitgeverij? *48*
Wanneer je voor een grote oplage kiest *52*
En dan... je boek is klaar *55*
Persbericht *60*
Nuttige adressen *63*
       Bureau ISBN
       Kamer van Koophandel
       De Nederlandse Bibliotheek Dienst/Biblion
       Dedicon
       Stichting Lira
       Vaste boekenprijs
       Koninklijke Bibliotheek
       Scanology
       Centraal Boekhuis
       Vervoerscentrale

Verkoopmogelijkheden *73*
        Het eerste exemplaar
        Signeren
        Website
        Nieuwsbrief
        Social media
        Beurzen, markten en festivals
        Bol.com
        Boekwinkeltjes.nl
        Reisorganisaties
Verpakken en verzenden *85*

The Indie Awards *87*
Meer lezen *88*
Reisboekhandels *90*
Tot slot *93*

Een diepe buiging voor mijn kwartet van proeflezers: Anika, Fenny, Jacomijn en Liane.
Door jullie oprechte interesse in dit boek, is het beslist een beter boek geworden. Jullie hadden (bijna) altijd gelijk.

In de krant
De Tubantia.
Ergens in de
jaren 60.

Ado stond er
in plaats van
Ada…. Daar
was ik eerst
nog wat ver-
ontwaardigd
over.
Maar dat ik,
Ada, nog
geen elf jaar
oud in de
krant stond;
dat gevoel
was niet te
beschrijven.
Heel
voorzichtig
heb ik toen
de o
veranderd in
een a.

Dat mensen die jij niet kent blij worden van wat jij hebt
geschreven. Die verwondering is altijd gebleven.

*E*en boek maken

'Zal ik van onze belevenissen eens een boek maken? Ik heb genoeg te vertellen. Ik heb elke dag trouw mijn dagboek bijgehouden,' zei ik in 1992 tegen Jan.
We hadden een reis van maanden door Australië gemaakt. Zoveel gedaan, zoveel meegemaakt.
'Leuk, moet je doen,' reageerde Jan onmiddellijk.
Ik begon diezelfde dag met veel enthousiasme aan mijn eerste boek: *Eindeloos Australië.*

De eerste vraag die je jezelf moet stellen is: Wil je een boek voor jezelf omdat je één keer in je leven een boek wilt schrijven? Is schrijven een hobby naast een baan? Of, wil je dolgraag een schrijf-carrière opbouwen zodat je uiteindelijk van 'de pen' kunt leven?

Het ene vraagt uiteraard meer inzet, energie, geld en doorzettingsvermogen dan het andere. Ben je bereid er vol voor te gaan? Maar... wat je doel ook is, je wilt natuurlijk een mooi en als het even kan foutloos boek afleveren.

Ik had al een paar keer een reisverhaal in een magazine gehad. Dat gaf zelfvertrouwen. Maar een echt boek? Zou ik dat kunnen? Dat was toch wel een grote droom.

Ik stapte, ietwat aarzelend, met een boek in mijn handen waarvan ik dacht, dat wil ik ook, de plaatselijke drukkerij binnen. Dat was letterlijk en figuurlijk de eerste stap. De eigenaar reageerde enthousiast, begon direct mee te denken en gaf me het laatste duwtje dat ik nodig had. Een zus van mij had een computer, ik niet, en wilde mijn handgeschreven boek wel voor me uittypen. Zo werd direct duidelijk dat 'alles zelf doen' inhoudt dat je altijd mensen om je heen nodig hebt, die meedenken, mee-helpen en meewerken.

'Er zijn nu laserprinters,' vertelde de drukker. 'Ik heb de-ze zelf nog niet maar ik zal regelen dat je bij een be-vriend bedrijf je boek mag laten printen. Laserprinters geven een topkwaliteit,' ging het enthousiast verder.

Zus en ik togen op een middag naar het bedrijf waar al-les door een aardige meneer werd uitgeprint. *

'Een foutloos boek zal je niet lukken, hoe je je best ook doet. Wist je trouwens dat de boeken van de top van de Nederlandse schrijvers door een paar Neerlandici wor-den nagekeken? En dan durven ze nog geen garantie te geven dat het boek foutloos is. Misschien dat de vijfde druk zonder fouten is,' vertelde de drukker toen ik vol trots de uitgeprinte stapel papieren bracht waar hij een mooi boek van ging maken.

Ik zocht foto's uit en via via kreeg ik een ISBN-nummer. De drukker maakte een proefboek dat ik helemaal na heb gekeken voordat het boek definitief werd gedrukt.

Na weken van hard werken hield ik dan eindelijk mijn eerste eigen boek in mijn eigen handen.

Eindeloos Australië 20.000 km door 'Down Under

Trots was een understatement! Zelfs de foutjes, waar de drukker mij al voor had gewaarschuwd, konden mijn plezier niet bederven. Het grote voordeel van 'uitgeven in eigen beheer' is, dat je alles precies zo kunt doen zoals jij dat wilt. Uiteraard houdt dat in dat alle leuke reacties voor jou zijn maar elke fout, die er onherroepelijk in blijft zitten ook voor jouw rekening is. Het mag duidelijk zijn dat je eigen familie meer onder de indruk is dan de eerste beste boekhandel of lezer die het ongezien koopt. Wanneer het dan eindelijk begint te lopen, is de voldoening groot en levert het menig leuk contact op. Waarom heb ik geen uitgever benaderd? Heel simpel. Nooit overwogen en nooit spijt van gehad.
Nederland kent veel reizigers en de groep mensen die hun eigen reis in een boek gieten wordt steeds groter. Als een reisboekenauteur, via een traditionele uitgeverij 5.000 boeken van 1 titel verkoopt, is men dik tevreden. Maar goed, dit heeft mij ook niet weerhouden om nu al tientallen boeken, inclusief zes heruitgaven, uit te geven.

* Sinds 2008 verstuur ik met één druk op mijn toetsenbord mijn boeken printklaar naar de uitgeverij!

Ik liet tweehonderd Australië-boeken drukken. Nadat het *Algemeen Dagblad* een interview met mij had gemaakt -waarvoor zelfs een fotograaf en journalist uit Rotterdam helemaal naar Nijverdal afreisden- kwamen de reacties los. Bestellingen kwamen overal vandaan. Ik stuurde boeken naar plaatsen in heel Nederland, België en zelfs naar Curaçao. Achteraf gezien was het Aussie-boek een heel eenvoudig boek. Grove letter, geen rugopdruk, wel een ISBN-nummer en dat maakt het helemaal bijzonder dat ik er zoveel van heb verkocht. Dat het te eenvoudig was, was de reden dat dit boek niet geschikt -helemaal terecht- werd bevonden voor de bibliotheken. Alles wat ik bij mijn eerste boek fout deed, probeerde ik te voorkomen bij mijn volgende boek.

Toen ik die tweehonderd boeken had verkocht speelde ik net quitte. Ik had werkelijk geen idee hoe het zou gaan lopen en durfde er niet te veel geld in te steken. Het voordeel van een tweede druk is dat je de kans krijgt fouten te herstellen en correcties uit te voeren. Je kunt voor elke druk een nieuw ISBN en barcode aanvragen.

Van de eerste druk van *Eindeloos Australië* heb ik nog vier keer boeken bij laten drukken. De vijfde en laatste druk heb ik helemaal herzien. Een professioneel lettertype, correcties aangebracht, foutjes eruit gevist, de literatuurlijst aangevuld en in een mooi crème jasje gestoken. In dit geval, wanneer een boek wezenlijk is veranderd, spreekt men niet meer van een herdruk maar van een heruitgave. Ik wilde toen ook een nieuw ISBN.

In totaal heb ik van dit boek 1.200 exemplaren verkocht. De heruitgave heb ik aangeboden aan de Nederlandse Bibliotheek Dienst. Weken later kreeg ik mijn eerste bestelling van de Nederlandse bibliotheken. Trots!

De volgende reis leverde het boek *Land zonder nachten* op. Een boek over onze reis door een Canada en Alaska. Doordat ik nu wist dat ik er een boek over wilde schijven maakte ik meer aantekeningen; ik keek anders naar de dingen. Kan ik hier ook mooi over schrijven? Is dit leuk voor anderen om te weten? Ik reisde naar mijn gevoel intenser. De drukker had nu zelf een laserprinter en maakte vijfhonderd boeken. Ik ging er vanuit dat Alaska minder in trek zou zijn dan Australië. Dit klopte; het bleef bij deze druk. Op = op.

Het derde boek was weer een Australië-boek. *Kimberley, Kakadu en Krokodillen*. Voor de tweede keer hadden we een grote reis van maanden door dit land gemaakt. Omdat ik zo langzamerhand de boekenwereld aardig had leren kennen, met de meeste reisboekwinkels een goede relatie had opgebouwd, durfde ik het aan om nu in één keer meer exemplaren te laten drukken. In mijn achterhoofd de gedachte om, mocht het een succes worden, weer met een heruitgave te komen. Inmiddels had ik een computer en tikte ik mijn eigen handgeschreven manuscript zelf uit. Een leraar bood aan om dit boek helemaal na te kijken voordat ik het naar de drukker bracht. Tot op de dag van vandaag kijkt hij al mijn boeken, positief kritisch, na.

Vanaf nu bestelde ik zelf de ISBN-nummers. De drukker maakte vijfhonderd boeken die vrij snel uitverkocht waren. In de plaatselijke bibliotheek presenteerde ik het boek en gaf Jan een lezing over onze reis door Australië. De tweede druk heb ik helemaal in een nieuw jasje gestoken, een nieuw ISBN aangevraagd en een barcode. De eerste druk had helemaal geen barcode; ik had toen werkelijk geen idee hoe ik daar aan moest komen. Hiervan zeshonderd exemplaren besteld die ook allemaal hun weg naar de lezer hebben gevonden. Beide uitvoeringen werden uiteraard aan de NBD aangeboden. Toen gold op = op.

Mijn eerste boek over Afrika ging over onze reis door Kenia, Mauritius en Tanzania. **Tussen dodo's en dik-diks** werd de titel en de omslag kreeg een frisse, blauwe kleur. Alle vijfhonderd exemplaren werden verkocht. Ook de toprecensie van de Nederlandse bibliotheken gaf me zo'n opsteker dat ik wist: ik zit nu op de goede weg. Ik begon mijn draai te vinden in het schrijven. Ik ontwikkelde mijn eigen stijl. Tijdens de reis schreef ik bijna mijn boek in een keer. Elke dag schreef ik minimaal een uur. Ik wilde de sfeer vastleggen, het dagelijkse leven dat zich niet laat vangen in foto's. Feiten en cijfers, die kon ik thuis wel opzoeken. Dit was blijkbaar mijn manier van reisschrijven.

Een grafisch ontwerper bood zijn diensten aan toen ik met mijn Vietnam-boek aan het werk was. Hij maakte me dolgelukkig met de omslag van mijn vijfde reisboek.

Als bonus ontwierp hij ook nog een landkaartje voor *De kleur van rijst,* het boek over onze reis door Vietnam. Tot op de dag van vandaag maakt hij de landkaartjes voor mij. Ik durfde er zevenhonderd te laten drukken, ervan uitgaand dat er voor dit land veel belangstelling zou zijn. Ik wist dat over Vietnam niet veel reisboeken waren. Het land was in opkomst bij de reiziger. Ruim vier jaar later was het boek uitverkocht. Vooral boeken over derdewereldlanden kunnen reistechnisch snel verouderen. Hoewel jouw ervaringen en emoties van dat moment natuurlijk gewoon blijven staan en het toch vaak leuk en informatief blijft om te lezen.

Na Vietnam volgde mijn eerste boek over Namibië: *Overstekende Olifanten*. Net als bij mijn eerste Australiëboek kwam dit boek op het juiste moment. Namibië kwam in opkomst als reisbestemming. De recensie van de NBD was verre van positief en toch waren de vijfhonderd boeken snel uitverkocht. Voor mij het bewijs dat een lovende of mindere recensie van de NBD niet bepalend is voor de verdere verkoop van je boek.

De Olifanten werden opgevolgd door de *De gorilla's van Bwindi.* Onze reis naar de gorilla's van Bwindi was een heel bijzondere reis. We vierden hier ons 25-jarig huwelijk. Daardoor werd het voor mij een speciaal boek. Ik bestelde zeshonderd boeken om er vervolgens 645 te krijgen. Dat Uganda, na een zeer onrustige periode, weer aantrekkelijk werd als reisland, was een mazzeltje. Ook de NBD was te spreken over het boek.

Mijn boek **Blauwe voeten op de evenaar** was mijn eerste boek over een land in Zuid-Amerika. We hadden een wekenlange reis gemaakt door Ecuador en de Galapagos eilanden. Ik bestelde zevenhonderd boeken en kreeg er 714. Deze boeken zijn voorzien van een dun plastic beschermlaagje. Weer een stapje vooruit. Het maakte het boek iets duurder maar het zag er top uit.

Van zowel de gorilla's als de blauwe voeten kreeg ik de extra boeken cadeau van de drukkerij. Voor het Vietnam-, Uganda-, en Zuid-Amerika-boek gold na verloop van tijd: op = op. Natuurlijk had ik kunnen besluiten om deze boeken wel bij te laten drukken. Op een gegeven moment is het boek gewoon klaar voor je. Je bent met andere reizen en andere boeken bezig. Er komen nieuwe boeken van andere auteurs over deze landen en zo schuift jouw boek, heel begrijpelijk, naar de achtergrond.

'Dan maken we toch een nieuwe reis naar Namibië,' zei Jan toen ik vertelde dat alle Olifantenboeken uitverkocht waren. 'Kun jij een mooi nieuw boek schrijven.'
In plaats voor een herdruk van *Overstekende Olifanten* te kiezen, gingen we dus weer op reis naar zuidelijk Afrika. Een nieuwe reis, die een nieuw boek op moest leveren. Zo gezegd zo gedaan. Het werd een schitterende reis en leverde genoeg stof op voor **Olifanten in de nacht**. *Ik* heb de stoute schoenen aangetrokken, duizend boeken besteld en er 1.102 gekregen. Gezien het grote succes ven *Overstekende Olifanten* heb ik het aangedurfd om ineens zoveel boeken te bestellen. Ik moet zeggen dat ik

wel schrok toen de vrachtwagen voor kwam rijden waar een pallet uitkwam met dozen vol boeken. De gang was ineens onbegaanbaar geworden, ik struikelde letterlijk over mijn eigen boeken en mijn handen waren klam. De mooie recensie van de NBD zorgde voor een bestelling van bijna 150 boeken; een gigantische opsteker. Binnen drie jaar tijd waren alle Olifantenboeken verkocht.
Van *Olifanten in de nacht* is een illegaal E-book in de omloop. Ik heb er nooit toestemming voor gegeven. Ik heb er geen cent aan verdiend en heb werkelijk geen idee wie daar achter zit/zat. Ook geen idee hoe men dat heeft gedaan. Dit is iets waar ik ook nooit achter zal komen en beschouw het daarom maar als een compliment dat iemand deze moeite heeft genomen.

Omdat ik deze titel onder handen wilde nemen, heb ik voor een heruitgave gekozen. Het verhaal van *Olifanten in de nacht* is blijven staan. Ik voegde een hoofdstuk toe met enkele reacties van lezers die het boek echt een meerwaarde gaf. Natuurlijk heb ik alle actuele informatie gecontroleerd en waar nodig aangevuld. De literatuurlijst werd bijgewerkt én ik had zo de gelegenheid om een nieuwe reis toe te voegen onder de titel *Dansende Giraffes*. Korte impressies van een reis die Jan en ik eind 2006 door Namibië hadden gemaakt. Het boek werd 32 pagina's dikker en kreeg twintig foto's extra. Waar ik helemaal blij van werd was de schitterende kleurenomslag. Het boek kreeg de titel **Tussen Himba, Zemba, en Herero**. Een nieuw ISBN werd aangevraagd en ook dit boek werd aangeboden aan de NBD. Ik bestelde

600 exemplaren en kreeg er 630. In totaal dus ruim 1.700 boeken verkocht van deze beide titels samen. Mijn eigen bestseller. Ook hier gold: op = op.

In maart 2006 verscheen **Tussen Tempels en Tuk-Tuks**, het boek over onze reis door Laos en Cambodja. Omdat Azië een explosie van kleuren is heb ik voor een vrolijke oranje omslag gekozen met zeven kleurenfoto's op de omslag. Wat was ik er blij mee. Ik heb hier 830 exemplaren van ontvangen (800 besteld).

Mijn boek **Modderhuizen, Markten en Moskeeën** was weer een Afrika-boek. Een reisboek over onze reis door West-Afrika: Senegal en Mali. Ik had er zevenhonderd besteld en uiteindelijk heb ik er 760 gekregen. De extra boeken heb ik voor een zacht prijsje gekregen. Ook heb ik boekenleggers erbij besteld, die op het 'restafval' gedrukt konden worden. Ideetje van de drukkerij. Een leuk weggevertje. Dit boek was het laatste boek dat ik met een plaatselijk bedrijf heb gemaakt.
Zowel bij het Azië- als het West-Afrikaboek bleef het bij deze eenmalige druk. Hier gold ook weer op = op.

Een goede recensie van de bibliotheken met daaruit een mooie bestelling, is kicken. Over het algemeen zijn de recensies positief. Het idee dat jouw boeken in bibliotheken verspreid over het hele land in de kast staan, is een prettige gedachte. Ook al zegt dit niks over de verdere verkoop van je boek. In het verleden kocht Bol deze recensies en gebruikte ze als productinformatie.

Boeken met geweldige recensies kunnen slecht verkopen en ook andersom is dit het geval. Een boek dat slecht wordt besproken weet soms de weg naar de lezer prima te vinden. Ook boeken met mindere of ronduit slechte recensies staan regelmatig in de bibliotheekkast. Boeken met lovende recensies worden soms winkeldochters en gaan in de ramsjverkoop. Boeken waar reuring omheen is, waar veel aandacht voor is, daar is altijd belangstelling voor. Met andere woorden: je weet het nooit.

Negatief kan positief uitpakken.

Natuurlijk kun je altijd citaten uit een leuke recensie gebruiken; uiteraard met bronvermelding. De recensie van de NBD mag je nooit integraal gebruiken, wel een citaat eruit halen. Ik wist dat niet en mijn eerste lovende recensie had ik helemaal afgedrukt in het volgende boek. Een boek dat ik uiteraard weer aan de NBD heb aangeboden. Ik kreeg een keurige mail dat dit niet de bedoeling was. Waarvan akte.

De laatste jaren kopen de bibliotheken weinig in. Bibliotheken lenen onderling alles uit. Een boek in de kast in Nijverdal kan besteld worden voor een lezer in Zonnemaire. Ook de reisboekwinkels zijn wat terughoudender geworden in hun bestellingen.

De doe-het-zelver: De Selfpubber

Ik was dus een selfpubber voordat het woord zelfs maar bestond. De selfpubber regelt alles zelf, gaat op zoek naar de juiste mensen om mee samen te werken. Ze gaat voor kwaliteit en houdt zelf het overzicht. Er wordt/werd soms wat neerbuigend gedaan over selfpubbers. Ik merk dat dit verandert. Ook sommige grote namen in de Nederlandse literatuurwereld kiezen tegenwoordig bewust voor 'alles zelf doen'. Misschien is selfpubben voor deze reisschrijver gewoon de enige manier om ook op papier haar eigen weg te bewandelen.

De selfpubber: een tikje eigenzinnig maar een goede tip of een welgemeend advies wordt zeker niet in de wind geslagen. Na bijna tienduizend verkochte boeken, een schat aan ervaring en heel veel plezier, was het voor deze selfpubber tijd voor de tweede stap.

In Nederland zijn rond de 18.000 auteurs. Van broodschrijvers tot hobbyisten, van bekende mensen tot amateurs. Kookboeken, literatuur, reisboeken, kinderboeken, flutromans, detectives en doorwrochte boeken. Circa honderd mensen kunnen van hun boeken leven. Zij halen een fatsoenlijk loon of meer uit hun boeken. De meesten zullen andere activiteiten moeten verzinnen om een behoorlijke boterham te verdienen. Er zijn rond de vierduizend uitgeverijen waarvan er zo'n twintig tot de Nederlandse top behoren.

Einddocs Australië

TEMPELS EN TUK-TUKS

LAND ZONDER NACHTEN

OVERSTEKENDE OLIFANTEN

OLIFANTEN IN DE NACHT

TUSSEN HIMBA, ZEMBA EN HERERO

*E*n toen...

 Op 1 oktober 2008 is **Ada Rosman-Kleinjan reizen en schrijven** een officieel bedrijf geworden, met een keurige registratie bij de Kamer van Koophandel en een heus BTW-nummer. Vanaf dit moment verschenen mijn volgende boeken via het zogenaamde *printing on demand* systeem. Ik werk daarvoor samen met twee bedrijven. Waarom nog stapels boeken bestellen terwijl dat ook per stuk of per doos kan? Jouw boek is pas uitverkocht wanneer jij zegt: 'Ik stop ermee.'

In 2008 heb ik contact gezocht met uitgeverij Boekenplan in Maastricht. Natuurlijk moet ik de aanloop- en de opmaakkosten betalen. Het is prettig om met iemand samen te werken die veel ervaring in de boekenwereld heeft. Iemand die met je meedenkt en ook ideeën aandraagt. Eén groot voordeel van mijn samenwerking met Boekenplan is dat mijn boeken nu ook te koop zijn bij de grote internetwinkels zoals Bruna en bol.com.
Boekenplan is aangesloten bij het Centraal Boekhuis; de grote opslagplaats van boeken in Nederland. De plek waar de meeste boekhandels hun boeken bestellen voor hun winkels. De hele afhandeling gebeurt door Boekenplan. Elke maand krijg ik een overzicht van de verkochte boeken. In het voorjaar worden de royalty's uitbetaald.

In 2009 verscheen dan eindelijk mijn eerste reisboek in samenwerking met Boekenplan. Het werd een herdruk van mijn Namibië-boek *Overstekende Olifanten.* Dit boek verscheen onder de titel **In Namibië.** Het boek heb ik nageplozen op foutjes, de verouderde reistechnische informatie verwijderd, de literatuurlijst uitgebreid, kleurenfoto's in het boek en ik was helemaal trots en blij met het eindresultaat. Ik heb alles digitaal aangeleverd en zij hebben er een mooi boek van gemaakt. In 2010 verscheen er een nieuwe druk met hetzelfde ISBN-nummer, maar met een andere omslag. Ik wilde graag een andere omslag omdat ik achteraf niet helemaal tevreden was met de foto -te donker- op de omslag van de eerste druk. In 2011 is van deze herdruk een heruitgave verschenen met nieuwe foto's en een extra hoofdstuk waarin de impressies van onze laatste reis door Namibië (voorjaar 2011) zijn verwerkt. Een nieuw ISBN aangevraagd en het boek werd aangeboden aan de NBD. Het boek was af. Op een gegeven moment is een boek echt klaar. Ben je er zelf ook klaar mee en is je focus gericht op alles wat daarna is verschenen.

De 1^e en de 2^e druk van *In Namibië*

Mijn boek ***Starende beelden op Rapa Nui*** was weer in samenwerking met Boekenplan. Mijn tweede boek over een reis door Zuid-Amerika. Dit boek bracht Jan en mij op een tweede paasdag naar de studio van BNN radio in Hilversum om over Jacob Roggeveen, mijn boek, Paaseiland en de Nederlanders die het ontdekten op paaszondag in 1722, te praten.

In hetzelfde jaar verscheen in oktober ***Ghana… een reis op het ritme van de drums***. Weer een boek in samenwerking met uitgeverij Boekenplan. In 2016 kwam de heruitgave van *Ghana… een reis op het ritme van de drums.* Ik wilde dit graag omdat het boek goed verkocht. Maar… klopte alles nog wel, was het niet te gedateerd?
Een mevrouw die het boek recent had gekocht, mailde mij en zei: 'Het boek had gisteren geschreven kunnen zijn. Zo actueel.'
Dat was het duwtje dat ik nodig had. Ik koos voor een nieuwe omslag maar dezelfde titel bleef staan. Het boek weer doorgelopen, nieuw voorwoord, andere flaptekst en de literatuurlijst aangevuld. Inmiddels was de techniek zover dat de kleurenfoto's op glanzend papier en paginabreed afgedrukt konden worden zonder dat de prijs de pan uitsteeg. Beslist een meerwaarde voor mijn boeken. Het boek kon zo weer jaren mee. Omdat het een heruitgave werd, ook een nieuw ISBN aangevraagd. Het kan dus interessant zijn om een boek na een paar jaar weer eens onder handen te nemen. Achteraf een goede keuze: het boek blijft verkopen.

De 1^e druk van *Ghana* en *Myanmar*

In het voorjaar van 2012 rolde ***Myanmar… op blote voeten door het Gouden Land*** van de persen. In 2015 verscheen een geactualiseerde heruitgave van dit boek onder de titel: ***Myanmar reizen door het Gouden Land.***

Er was, sinds wij de reis hadden gemaakt, nogal wat veranderd in dit land. Natuurlijk bleef onze reis staan zoals we die hadden gemaakt. Een uitgebreid inleidend voorwoord plaatste alles in het juiste perspectief. Ik wilde een andere omslag en de kleurenfoto's paginabreed. Natuurlijk liep ik het boek door en werd de literatuurlijst aangevuld. Ik vond in dit geval een nieuwe titel en een nieuwe omslag gerechtvaardigd. Beide heruitgaven werden weer aangeboden aan de NBD.

In de herfst van 2013 verscheen ***De drums van Timkat een reis door Ethiopië***. In 2015 verscheen mijn laatste boek (tot nu toe) in samenwerking met Boekenplan. ***In Boeddha's schaduw*** een boek over onze reis door China en Tibet. Twee boeken over kleurrijke landen met schitterende kleurenfoto's.

De drums van Timkat, *In Boeddha's schaduw* en *Starende beelden op Rapa Nui* zijn nog steeds leverbaar in de eerste druk.

Omdat de Boekenplanboeken inmiddels al wat ouder zijn, houd ik ze zelf niet meer op voorraad. Gelukkig zijn ze allemaal wel beschikbaar. Ook heb ik nu zoveel boeken geschreven, te veel om stapels van in de kast te hebben liggen. Op een gegeven moment is jouw reisboek ingehaald door andere, meer recentere reisboeken en wordt de verkoop, op een begrijpelijke manier, minder. Ik kan de boeken te allen tijde bijbestellen en dat werkt prima voor mij. Vaak heb ik binnen een paar dagen de bestelde boeken al in huis. Omdat ik nu alleen maar meer kleine orders plaats, zijn de marges ook minder. Hoe meer je bestelt, hoe groter de winst voor jezelf is. Ik kan voor elke bestelling nog een foutje laten corrigeren of iets aanvullen of wijzigen. Daar maak ik van tevoren goede afspraken over. Wat moet ik betalen, wat is service van de uitgeverij? De Boekenplanboeken zijn voor de Nederlandse en de Belgische boekhandels makkelijk te bestellen. Dit wordt allemaal door Boekenplan afgehandeld. Ik weet ook nooit, wanneer ik de maandelijkse overzichten van de verkochte boeken krijg, welke boekhandel welk boek heeft gekocht. Iemand vroeg eens aan mij, hoe weet je nu of deze aantallen kloppen? Deze gedachte was nog nooit bij mij opgekomen. Het is een kwestie van vertrouwen: vertrouwen dat nooit is beschaamd.

Mijn Boekenplanboeken zijn alleen in papieren vorm verschenen.

Ada Rosman-Kleinjan
In Boeddha's schaduw
een reis
door
China
en
Tibet

Ada Rosman-Kleinjan
Starende beelden op
Rapa Nui
een reis van Paaseiland naar Peru
(door Chili en Bolivia)

Ada Rosman-Kleinjan
Myanmar
reizen door het gouden land
Op reis
door
Birma

Ada Rosman-Kleinjan
De drums van
Timkat
Een reis door Ethiopië

Ada Rosman-Kleinjan
GHANA... EEN REIS
OP HET RITME
VAN DE DRUMS

Ada Rosman-Kleinjan
In Namibië
kampeerreizen door
het leegste land van Afrika

De grens over

Door mijn in Oostenrijk wonende, reizende en schrijvende vriendin kwam ik in contact met BoD; een printing on demand uitgeverij in Duitsland. Zij had daar goede ervaringen mee. Ik inmiddels ook. Ondertussen ken ik het programma van BoD goed en op mijn, in gebrekkig Duits gestelde, vragen krijg ik altijd een keurig antwoord.

In 2011 is er een Duitse vertaling verschenen van mijn Namibië boek *In Namibia.* Daar ben ik natuurlijk super trots op. Dit boek is te koop via www.bod.de. Ik heb een professionele vertaler ingehuurd om mijn boek te vertalen naar het Duits. Toen alles klaar was, rees bij mij de vraag, is het goed vertaald? Geeft het de sfeer van mijn verhaal goed weer? Gelukkig kende ik een *native speaker* in mijn woonplaats. Een gepensioneerde leraar Duits, afkomstig uit Duitsland. Hij heeft alles voor me nagelezen, was onder de indruk van de goede vertaling en vond het ook nog een mooi verhaal. Hij had nog een paar goede tips en toen durfde ik het boek de wereld in te sturen. Natuurlijk had ik geen idee of ik de kosten die ik had gemaakt terug zou verdienen. De kick om een Duitstalig boek te hebben was het allemaal waard. Ik heb bewust voor deze titel gekozen omdat Namibië een vroegere kolonie van Duitsland is geweest en veel mensen nog een band met dit land hebben. Het boek moest zichzelf verkopen. Geen interviews in kranten. Het lukte. Wat ik allemaal leerde was echter onbetaalbaar.

De BoD-boeken worden dus verstuurd vanuit Duitsland met Duitse BTW die ik in Nederland niet kan inboeken. Omdat ik ingeschreven sta bij de Kamer van Koophandel en een eigen BTW-nummer heb, kon ik hier ontheffing voor aanvragen. Zo gezegd zo gedaan. Het ging ook nog eens verbazingwekkend makkelijk. Alle facturen uit Duitsland komen nu zonder BTW. Wanneer er eens iets fout gaat, wordt dat altijd keurig en tot volle tevreden-heid door BoD opgelost.

In het jaar 2011 dat ik schrijvend de grens met Duitsland overstak, schreef ik ook over mijn eigen woonplaats Nijverdal. Op verzoek van de Historische Kring Nijverdal heb ik het hoofdstuk over toerisme geschreven in het boek **Nijverdal Verleden, heden, toekomst**.
Ik was verguld met het verzoek en vond het tegelijk bloedspannend. Op zoek naar informatie en bijpassende foto's. Ik kreeg de vrije hand en noemde mijn hoofdstuk *'Bezoekt mooi Nijverdal... een bezoek aan Nijverdal stelt nooit teleur!'* Deze titel kwam voorbij in een oud boekje van de VVV over Nijverdal. Het was voor mij een grote uitdaging. Ik had geen reis gemaakt en moest toch een soort van reisverhaal schrijven. Reisschrijven werd thuis-schrijven: een reis binnen de gebaande paden.

Kleintje Wombat. Verre bestemmingen dichtbij

In het najaar van 2012 hebben we een reis van twee weken door Jordanië gemaakt. Ik was helemaal niet van plan om hierover te schrijven. We gingen deze keer niet zo lang weg. 'Wat vind ik dat nu jammer,' zei een vriendin. 'Dit is nu een land waar ik graag eens naartoe zou willen en dan zou ik graag je boek lezen.'
Dat zette mij aan het denken en het idee voor een nieuwe serie was geboren. Tijd voor de derde stap.

kleintje Wombat. Verre bestemmingen dichtbij

Een klein boek over een verre bestemming. Door het boek bracht ik een ver en vreemd land dichtbij. Dat is het idee erachter. Omdat ik het programma van BoD door mijn Duitstalige boek steeds beter leerde kennen, ik er niet veel geld in wilde stoppen, ik goede hulp kreeg bij de opmaak, dacht ik waarom niet: ik ga het gewoon allemaal zelf doen.
Over deze Jordanië-reis is het boek *Woestijnkastelen en Stadskamelen* verschenen. Na een paar jaar heb ik het boek weer eens onder handen genomen. Ondertussen waren er meer titels in deze serie verschenen; titels die allemaal begonnen met 'De'. Er ontstond een bepaalde lijn, een bepaald ritme en dat wilde ik graag ook terug laten komen in het eerste deel. Nieuw uiterlijk, nieuw ISBN-nummer.

Na een paar titels viel het me zelf pas op en nu kies ik er bewust voor. Dat is tevens weer een bewijs hoe de dingen zich in de loop van de tijd kunnen ontwikkelen. Een paar weken later hield ik *De zuilen van Jerash*, de heruitgave van *Woestijnkastelen en Stadskamelen* in mijn handen. Op de achterflap heb ik duidelijk vermeld dat het om een heruitgave gaat van *Woestijnkastelen en Stadskamelen*. Ik vind dat je dit duidelijk aan moet geven. Je wilt natuurlijk niet dat mensen zich bekocht voelen. Dat is dan weer het grote voordeel van alles zelf doen; je eigen regie in handen hebben. Je doet het gewoon.

Dat maakt het tevens weer zo boeiend hoe in de loop van de jaren de dingen zich blijven ontwikkelen. Hoe door een achteloze opmerking van een vriendin bij mij een idee ontstond. Jaren later heb je dus een hele stapel kleine boeken van je eigen hand op je eigen bureau liggen.

Een tussendoorboek... dacht ik dus nog in 2012. Inmiddels heb ik negen kleintjes uitgebracht. Het formaat mag dan klein zijn, er zitten wel een paar lekkere dikkerdjes tussen. Het negende boek is verschenen in de zomer van 2020. Het leuke is dat alle boeken van BoD ook te koop zijn bij Bol en alle grote internetboekwinkels wereldwijd zoals Amazon. Zij maken ook gratis E-books van je boeken. E-books die te lezen zijn op diverse soorten E-readers, android, tablets, iPads en smartphones. Je krijgt je eigen auteurspagina en zo heb je te allen tijde inzicht in de verkoop. Is het een E-book of een papieren boek?

Ik zie dan ook de royalty's erachter staan. Soms zelfs in US dollar en Engelse ponden. Dat maakt me erg nieuwsgierig naar wie in het buitenland mijn boeken koopt.
Het bestelsysteem is makkelijk. Inkoopprijzen voor de auteur zijn helder en kennen het staffelsysteem. Hoe meer je bestelt, hoe goedkoper de boeken zijn. Je ziet hoeveel verzendkosten je moet betalen en wanneer de boeken worden verzonden. Allemaal zeer inzichtelijk. Wat het ook weer zo prettig maakt is dat BoD je af en toe een mooie aanbieding doet. Bijvoorbeeld twintig procent korting als je voor een bepaalde datum bestelt. Het enige nadeel van uitgeven via BoD is, dat het boek een Duits ISBN krijgt en daardoor lastiger te bestellen is door de Nederlandse boekhandel. Voor mij wegen alle voordelen ruimschoots op tegen dit ene nadeel. De boekhandel die echt wat voor haar klant wil doen weet mij altijd via mijn eigen website te vinden. De royalty's worden per kwartaal uitbetaald, mits 25 euro of meer.

Ondertussen kan ik me steeds beter redden in de Duitse taal; da's weer een leuke bijvangst.

Ada Rosman-Kleinjan
De olifanten van Botswana
met een 4x4 door Moremi en Chobe

Ada Rosman-Kleinjan
De muren van Kubuneh
op reis door Gambia en Zuid-Senegal

Ada Rosman-Kleinjan
De weg naar Tendaba
reizen door Gambia

Ada Rosman-Kleinjan
De vrouwen van Bakountou
op reis door Gambia en de Casamance in Senegal

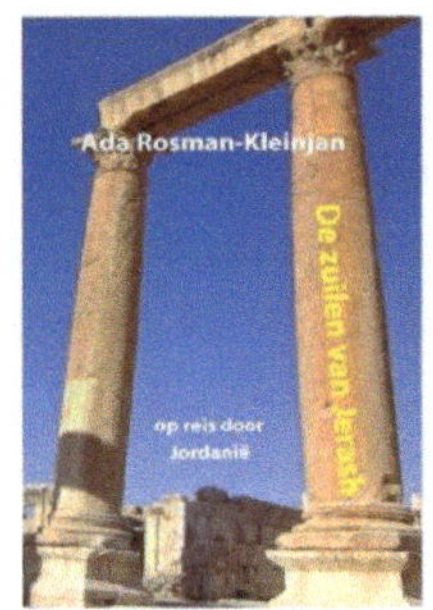
Ada Rosman-Kleinjan
De zuilen van Jerash
op reis door Jordanië

Ada Rosman-Kleinjan
De dhows van Sur
op reis door Oman

De baobabs van Morondava
Ada Rosman-Kleinjan
op reis door Madagaskar

Ada Rosman-Kleinjan
De vissers van Tanji
op reis in The Gambia

Ada Rosman-Kleinjan
De zebra's van Namibië

Handige tips tijdens het reizen

a. Houd je dagboek bij in een gelinieerd schrift; schrijf alleen op de rechter pagina's. Regelmatig zullen je achteraf weer dingen te binnen schieten die kun je dan op de linkerkant kunt noteren. Wanneer je ervoor kiest om een laptop of een tablet mee te nemen, mail dan je tekst naar je e-mailadres, zet het in de cloud, want laptop weg = tekst weg! Denk niet dat doe ik morgen wel, houd back-ups bij of neem sticks mee. Doen. Wanneer je je notities kwijt bent is het (bijna) onmogelijk om nog een boek te schrijven. Hoewel tegenwoordig veel reizende schrijvers aantekeningen maken op hun telefoon, schrijf ik gewoon graag letterlijk. Misschien denk je nu, wat old school. Een schrift met pen is gewoon minder diefstalgevoelig. Wij reizen door 'arme' landen en dan voelt het voor mij vaak beter om gewoon lekker in een schrift te schrijven. Ook reizen we door landen waar op zijn zachts gezegd de elektriciteitsnetten verre van betrouwbaar zijn. Op een busstation in een derdewereldland schrijf ik liever in mijn schrift dan dat ik mijn laptop (die ik wel bij me heb) tevoorschijn haal.

b. Ik heb in mijn reistasje altijd een klein notitieboekje en pen bij me. Vooral handig als je informatie van borden wilt overschrijven, voor een snelle notitie of aantekening. Soms is het ongepast om een foto te maken.

Zo maakte ik op een markt in Ghana een foto van een zak rijst. Ik vond de tekst en de afbeelding leuk. De marktkoopman zag het, werd boos en eiste een excuus omdat foto's maken van zakken rijst, en dan met name zijn zakken rijst, niet de bedoeling was. Nadat ik nederig mijn excuus had gemaakt kon ik weer verder lopen. Gelukkig had ik de foto al gemaakt. Ik maak foto's van interessante informatie zodat ik zeker weet dat ik alles correct over-schrijf. Want een feit is een feit en is gewoon iets dat je alleen maar over hoeft te schrijven. Soms is het handig om een klein schetsje te maken; alles om later je verhaal goed weer te kunnen geven. Ik maak sowieso veel foto's. Zo zie ik in mijn foto's de chronologische volgorde van onze reis terug. Handig geheugensteuntje.

c. Tijdens het reizen blog ik graag. Ik maak daar echt tijd voor vrij. Zo betrek je je volgers al tijdens het reizen bij het boek dat je gaat schrijven.

d. Suikerzakjes, rekeningen, entreekaartjes, labels, fol-ders, papiergeld en dergelijke. Ik neem het graag mee en verwerk dit soms weer in het boek. Mijn entreekaartje van Angkor Wat, een paar postzegels en een bankbiljet uit Cambodja waren zo mooi dat ik ze afgedrukt heb in mijn boek *Tempels en Tuk-tuks*.

*T*erwijl je aan het schrijven bent

Omdat reisboeken altijd over jou gaan en de mensen die je ontmoet, ben ik altijd zeer zorgvuldig in het noemen van namen en het weergeven van gesprekken. Ook foto's plaats ik niet lukraak. Ik denk daar goed over na. Ik vraag mensen, indien mogelijk, altijd om toestemming en laat ook vaak mensen datgene lezen dat ik over hen heb geschreven. Ik ben een passant, zij wonen, werken en leven daar. Ik vind dat je daar zeer helder in moet zijn. Waarom mensen in verlegenheid brengen als jij alweer thuis bent? Voelt het ongemakkelijk dan doe ik het niet. Op elke reis kom je in contact met andere reizigers. Ik vertel wie ik ben en vraag of ze bezwaar hebben om in mijn boek genoemd te worden. Tot nu toe alleen maar leuke reacties. Meestal willen ze de nieuwsbrief ontvangen en kopen ze later het boek.

Show, don't tell. Laat het zien, zeg het niet

Er staat een leeuw langs de kant van de weg zijn juist gevangen prooi op te eten.

of

Het bloed druipt langs zijn leeuwenbek, zijn ene poot steekt diep in de buik van de antilope. Smullend van zijn warme hap, loeren zijn ogen rond; altijd beducht op een vijand.

a. Maak altijd back-ups. Sla regelmatig je teksten op als je aan het werk bent, een kleine stroomstoring en je bent 'alles' kwijt. Wil je helemaal op 'veilig' spelen dan kun je de tekst ook naar je e-mailadres sturen of in de cloud wegzetten. Zo heb ik zelf mijn Ugandaboek helemaal opnieuw moeten typen. Wat was ik blij dat ik wel een uitgeprinte versie had. Het lijkt zo vanzelfsprekend maar wordt te vaak vergeten. Wat als je laptop wordt gestolen? Of wat dacht je van een lekkage die net jouw laptop treft? Ik geef er zelf de voorkeur aan om elke dag het bestand naar mezelf te mailen.

b. Print regelmatig je verhaal uit, bekijk de teksten zodat je het echt in 'je vingers' krijgt. Soms valt je blik letterlijk op een fout.

Tip! Een boek bestaat uit dubbelgevouwen vellen papier waar vier pagina's op passen. Het aantal pagina's moet daarom deelbaar zijn door vier; de omslag niet meegerekend. Als dit niet lukt wordt het boek aangevuld met lege pagina's. Ik doe altijd mijn best om mijn boeken deelbaar door vier te maken. Een extra foto kan altijd.

c. Blijf consequent in het schrijven. Getallen tot en met twintig voluit schrijven. Daarboven alleen de 'ronde' getallen zoals duizend, honderd, vijftig. Getallen wel in cijfers schrijven als je een precies getal wilt noemen zoals in leeftijden, jaartallen en geldbedragen. Hij is 49 jaar oud. Bij geld, vijf euro en 78 cent. Het euro- of dollarteken alleen gebruiken in financiële staatjes. Een ander voorbeeld zijn woorden die op verschillende manieren geschreven kunnen worden. Giraffen of giraffes. Is de keuze gemaakt, blijf daar dan bij.

TIP! Gebruik functioneel wit, met andere woorden druk soms op de entertoets, zodat er alinea's ontstaan. Dat leest gewoon prettiger dan één grote lap tekst zonder witruimte of een foto.

d. Houd je aan de regels van het schrijven. Zo mag bijvoorbeeld de eerste zin van een bladzijde nooit een halve zin/regel zijn. Dit noemt men een 'hoerenjong' en wordt als zeer slordig ervaren. Dat is een van de eerste dingen die ik leerde van de drukker die mijn boek maakte. Ik hoor het de drukker nog zeggen. 'Voorkom een hoerenjong in je boek. Dat staat zo lelijk. '
Ik had werkelijk geen idee waar hij het over had; waarschijnlijk heb ik hem vrij dom aangekeken. In de Engelse schrijfwereld noemt men dit een *widow*. Ik wil geen hoerenjong of een weduwe bovenaan een bladzijde. Net zo min als een weeskind. Een weeskind is een halve eerste regel van een nieuwe alinea. Staat lelijk is lelijk. Als er dan ook nog een witregel boven staat, lijkt het nog lelijker.

e. Het is gebruikelijk om titels van boeken, films of liedjes die je noemt *cursief* te schrijven. Vreemde en onbekende woorden kun je ook cursief schrijven en achter in je boek in een woordenlijst uitleggen. Een vreemd woord schrijf je de eerste keer cursief en daarna niet meer. Natuurlijk kun je ook de betekenis van een vreemd woord tussen aanhalingstekens achter het woord schrijven of in een voetnoot uitleggen. Engelse of anderstalige woorden en uitdrukkingen die niet ingeburgerd zijn in de Nederlandse taal cursief schrijven. Je schrijft *please sit down* cursief maar kids niet. Dit woord is geen vreemd woord meer in de Nederlandse taal. Citaten tussen aanhalingstekens plaatsen en woorden die niet letterlijk zijn bedoeld, krijgen ook aanhalingstekens. Gedachten nooit tussen aanhalingstekens plaatsen.

Tip! Wil je lekker gaan stoeien met een tekst, zet het dan eerst even veilig weg. Mocht je zo bezig zijn dat je niet meer weet wat je allemaal hebt gedaan, dan heb je in ieder geval nog de originele tekst veilig opgeslagen.

f. Schrijf in de tegenwoordige tijd zodat men het gevoel krijgt letterlijk met je mee te reizen.

g. Lees regelmatig dat wat je geschreven hebt hardop voor; zo haal je snel de kromme zinnen of zinnen die niet lopen eruit. Wees kritisch op jezelf, lees alles na, leg het weer weg om er later weer met 'frisse' ogen naar te kijken. Wees niet bang om iets te schrappen. Ook hoor je dan misschien 'stopwoordjes' die te vaak voorkomen.

h. Je kunt er niet voor zorgen dat mensen je verhaal leuk vinden, maar je kunt er wel voor zorgen dat je feiten kloppen. Controleer altijd extra op de goede spelling van exotische namen, hoogtes, afstanden. Dit was voor mij een hele uitdaging voor mijn Madagaskar-boek. Zelfs de kleinste plaatsen hebben daar lange, niet uit te spreken namen. Soms worden plaatsnamen in verschillende reisboeken op een verschillende manier geschreven. Ik kies voor één manier van schrijven en blijf daar dan ook bij.

TIP! Ga eens met de knop 'woorden zoeken' aan de slag om fout geplaatste afbrekingsstreepjes - eruit te vissen. Is een klusje maar ik doe het altijd. Zo pik je ze er snel uit. Staat ook zo rommelig een streepje midden in een woord. Zo kun je ook dubbele spaties, die je niet ziet, vervangen door één spatie. Je zult oprecht verbaasd zijn. Dit geldt natuurlijk ook als je een veel gemaakte fout wilt corrigeren. Maar... bekijk alles stuk voor stuk en nooit alles in één keer vervangen. Dit kan namelijk de meest wonderlijke woorden opleveren.

i. De titel van je boek! Superbelangrijk. Het moet de inhoud weergeven, de aandacht trekken en goed te vinden zijn in Google. Op een titel rust geen auteursrecht. Mocht je een titel bedacht hebben, googel en kijk op bol.com. Je wilt natuurlijk origineel zijn. Ben je van plan om meer boeken in dezelfde stijl te schrijven? Dan kun je overwegen om voor een serienaam te kiezen. Zo zet mijn collega Anika Redhed heel bewust een serie reisromans in de markt die allemaal beginnen met *Cappuccino in....*

Tip! Gebruik af en toe een spanningsboog zodat de lezer weet dat er iets staat te gebeuren.

Tip! Het landkaartje. Een reisboek zonder landkaartje is niet af. Het liefst voor in het boek zodat de lezer dit direct ziet. Lezers volgen graag met hun vinger over het kaartje jouw reis. Soms staat het kaartje achter in het boek; dit zou niet mijn keuze zijn. Ook zie je soms dat de uitgever het kaartje aan de binnenzijde van de omslag heeft geplaatst.

j. Laat het manuscript op zijn minst nakijken door bijvoorbeeld een leraar Nederlands. Iemand die het controleert op taaltechnisch gebied en die niet probeert jouw boek te schrijven. Wees ervan overtuigd dat je op een gegeven moment je eigen fouten echt niet meer ziet. Jij leest wat je wilt lezen, een ander leest wat er daadwerkelijk staat. Vertrouw niet blind op de spellingscontrole. Huur een redacteur in of iemand anders die jou helpt. Ook kun je een paar mensen die je vertrouwt en die eerlijk tegen je zijn, vragen om het boek te lezen. Wees duidelijk in wat je van een proeflezer verwacht. Gaat het je er om of het verhaal aanspreekt? Misschien wil je alleen dat de kritische lezer naar de taaltechnische kant kijkt? Slaat de humor aan in je boek? Helder zijn. Geef ook een deadline aan wanneer je het graag terug wilt hebben.

Tip! Wanneer je een afkorting in hoofdletters schrijft, zoals ANWB of WW dan moet dit in klein kapitaal geschreven worden: ANWB, WW

k. En als laatste, of misschien heb je dat wel als eerste gedaan: de omslag. De omslag maken vind ik altijd geweldig leuk om te doen. Ik heb gelukkig hulp van iemand die veel kennis heeft van Photoshop. Samen maken we de mooiste omslag die we kunnen maken. Uren zijn we er mee bezig. Waar komt de titel? Welk lettertype zullen we gebruiken? Waar komt de subtitel en de naam van de auteur? Staat de rugopdruk wel precies in het midden? Aangezien je maar een keer een eerste indruk kunt maken, moet de omslag verzorgd en foutloos zijn, passen bij de inhoud van het boek. Prikkelend en verleidelijk zodat de lezer jouw boek oppakt om deze nader te bekijken. Ik kies altijd een foto die past bij de titel. De foto moet uiteraard ruimte bieden aan alle tekst. Ook moet ik bij BoD altijd rekening houden met snijranden. Het is soms echt een puzzel.

Tip! Ook kun je een QR-code plaatsen op de omslag van het boek zodat mensen direct op je website komen. Je kunt hier dan filmpjes laten zien of foto's die bij het boek passen. In overleg met is er vaak veel mogelijk.

l. Het colofon: die pagina waar de technische gegevens van je boek staan. Het ISBN, wie heeft het auteursrecht? Hoe is je boek tot stand gekomen? Waar is het boek gedrukt? Wie heeft het landkaartje gemaakt? Ere wie ere toekomt. Ik vermeld ook altijd waar de foto's zijn gemaakt die op de omslag staan.

Tip! Wanneer je zelf de opmaak van het binnenwerk verzorgt denk er dan aan dat de paginanummering pas begint bij het eerste hoofdstuk. Ook hebben fotopagina's, lege pagina's of de pagina waar een landkaartje op staat geen nummer. Maar... tellen bij de nummering wel mee.

m. Nog een open deur: kijk de gemaakte correcties goed na. Soms maak je per ongeluk een ander foutje of ontstaat er een verkeerde afbreking. Vooral afbrekingen die je zelf hebt aangebracht kunnen je dan in de problemen brengen. Eén correctie kan ervoor zorgen dan bijvoorbeeld alle hoofdstukken een bladzijde doorschuiven en klopt er ineens niets meer van je pagina-indeling. Ik spreek uit ervaring!

INDELING VAN JE BOEK

De eerste pagina is de zogenaamde Franse titelpagina. Op deze pagina wordt alleen de titel vermeld. Deze pagina is verder niet opgemaakt. Men beschouwt deze pagina eigenlijk als nutteloos. De gedachte erachter is dat mensen vaak snel een boek openslaan en daardoor volledig voorbij gaan aan de eerste pagina van het boek. Aangezien het een lege pagina is mist de lezer dus niks. Nutteloos kan dus zeer nuttig zijn. Onderstaande regels zijn leidend voor mij.

1. Franse titelpagina
2. blanco pagina (in mijn laatste kleintje Wombat en in dit boek heb ik hier de titels van mijn boeken vermeld)
3. titelpagina
4. colofon Je ziet nu een langzame verschuiving van voor naar achter in het boek. Waarom? Veel internetwinkels geven inzage in de eerste pagina's van een boek. Dan is het natuurlijk prettig dat men direct in het verhaal zit. Het woord colofon komt van oorsprong uit de Griekse taal en betekent onder meer 'slotstuk'. Het werd vroeger altijd achter in het boek geplaatst.
5. inhoudsopgave
En dan wat jij wilt. Ik houd van een mooie spreuk, soms plaats ik een voorwoord, bedank ik iemand of draag ik het boek aan iemand op. Natuurlijk altijd een landkaartje. Aangezien jij eigen baas bent, doe je gewoon wat voor jou goed voelt en deel je jouw boek in op jouw manier.

Copyright en privacy

Wees heel voorzichtig met wat je van internet haalt om in je boek te gebruiken. Je wilt natuurlijk geen gezeur, rechtszaken of een forse boete wanneer je, misschien in je onschuld, iets gebruikt waar rechten op zitten. Feiten zijn feiten dat is een feit. Maar... informatie die ik uit boeken of van het internet haal, bewerk ik om in mijn eigen woorden. Ik schrijf niks klakkeloos over. Ook kun je de bron vermelden en natuurlijk kun je altijd om toestemming vragen van de auteur/uitgeverij waar de tekst van is.

In mijn boeken plaats ik alleen foto's die we zelf hebben gemaakt. Dat voorkomt discussies over copyright. Dit geldt trouwens ook voor de foto's op mijn website of die ik op social media gebruik. Uitsluitend eigen materiaal.

De omslag van mijn boek *De muren van Kubuneh* bestaat uit een foto van een muurschildering. De artiest was met geen mogelijkheid meer te achterhalen. Ik heb advies ingewonnen bij een jurist, gespecialiseerd in beeldrecht. De informatie was zodanig dat ik deze foto vrij kon gebruiken. Een hele geruststelling. Deze informatie, via de mail, heb ik natuurlijk bewaard.

Zo heb ik op mijn eigen website, onder het kopje *contact & privacy*, heel duidelijk vermeld staan hoe ik met de gegevens van mijn lezers omga. Privacy is een groot goed en ik vind dat je daar zorgvuldig mee om moet gaan.

Tip! Even spieken hoe de pagina's naast elkaar komen te staan in je boek? Ga naar de eerste pagina in het manuscript. Verplaats de eerste pagina naar pagina twee zodat de eerste pagina leeg is. Maak er een PDF van. Klik op *beeld* in het PDF, vervolgens op *weergave* en dan *pagina weergave van twee pagina's*. Zo zie je duidelijk hoe de pagina's in het boek straks naast elkaar staan; hoe het eindresultaat wordt. Het geeft je echt een goed beeld hoe je boek eruit gaat zien. Ik doe dit altijd nog even als laatste check voordat ik het definitieve bestand naar de uitgever mail.

Niet vergeten om deze lege pagina weer weg te halen als je het manuscript uploadt of opstuurt!

Op Facebook zijn interessante, vaak besloten groepen van enthousiaste mensen die allemaal in eigen beheer uitgeven. **Hangplek voor Nederlandstalige Selfpubbers** en **Een boek schrijven** zijn zomaar een paar voorbeelden. De vragen zijn gevarieerd, de antwoorden en de ervaringen van je collega's ook.

Tip! De stichting Schrijven geeft advies over creatief, literair schrijven op **www.schrijvenonline.org** Een website vol met inspiratie, wedstrijden en activiteiten. Ook geven zij het magazine *Schrijven* uit.

Printing on demand of toch een reguliere uitgeverij?

Printing on demand: een boek wordt pas gedrukt wanneer er een bestelling voor is. Je kunt altijd de websites van deze uitgeefbedrijven bekijken om te zien of het iets voor je is. Ik moet zeggen dat de kwaliteit en de eisen van deze internetuitgeverijen/uitgeefdiensten erg verschillen. Ook vragen sommige bedrijven een behoorlijke eigen bijdrage voor de diensten die zij leveren. Misschien wil je graag dat ze alles voor jou doen. Misschien kies je ervoor dat zij alleen je boek drukken en dat jij verder alles zelf doet. Er is veel mogelijk. Om een goede indruk te krijgen kun je proberen om in de bibliotheek deze boeken te pakken te krijgen zodat je met eigen ogen de kwaliteit kunt beoordelen.

Tip! Informeer wie jouw boek aan gaat bieden aan de Nederlandse bibliotheken. Doet het bedrijf dat of is het interessanter om dit zelf te doen?

Het is kicken om je eigen boek in de bibliotheek terug te zien. Ook kun je mensen dan verwijzen naar de bibliotheek. Er zijn mensen die wel interesse hebben in jouw boek maar het niet kopen; niks mis mee. En... je maakt je boek zo langdurig beschikbaar voor iedereen.

Waar je ook voor kiest, wees zorgvuldig met wie je in zee gaat en blijf weg bij de zogenaamde vanity uitgeverijen/uitgeefdiensten. Dit zijn bedrijven die belachelijk veel geld vragen en er bitter weinig voor terug doen. Is echt iets waar je goed op moet letten. Ze maken misbruik van de auteur die dolgraag een boek uit wil geven. IJdelheid is niemand vreemd en misschien doe je iets waar je later spijt van krijgt. Ik heb zelf alleen ervaring met Boekenplan en BoD. Deze beide bedrijven hebben ook hun eigen webwinkel en dat is met name voor de reisboekenauteur een fijn idee. Je bent immers niet altijd in het land om zelf je boeken op te sturen. Surf rond, google naar ervaringen van anderen. De meeste printing on demand bedrijven zijn bereid om een boek uit hun fonds op te sturen zodat je de kwaliteit kunt beoordelen. Stel je vragen en benoem je twijfels in de Facebookgroep **Hangplek voor Nederlandstalige Selfpubbers**. Wie heeft met welk bedrijf goede ervaringen en bij welk bedrijf moet je uit de buurt blijven.
Leestip *Pas op uitgevers!* van Maria Staal.

Tip! Laat je goed informeren wie de rechten heeft/houdt van jouw boek ongeacht met wie je in zee gaat. Spit een contract goed door voordat je iets ondertekent. Kijk niet alleen naar je rechten maar ook naar je plichten. Let op naar de plichten van de uitgever naar jou toe. Laat het contract desgewenst door anderen lezen. Voor hoeveel jaar ga je een samenwerking aan? Niet onbelangrijk! Je wilt niet vast zitten aan een contract waar je doodongelukkig van wordt.

Vraag om een duidelijke planning. Wanneer en hoe moet je de tekst aanleveren, wanneer krijg je een proefdruk, hoeveel tijd heb je om te reageren enzovoort. Altijd doorvragen wanneer iets niet duidelijk is. Ook is het belangrijk om te weten hoe de eventuele royalty's worden uitbetaald, per maand, per kwartaal of per jaar? Als je bij een reguliere uitgeverij zit, krijg je meestal rond de tien tot vijftien procent aan royalty's van de nettoprijs. Vraag wat de boeken moeten kosten -daar zit soms ruimte om over de prijs te onderhandelen- die jezelf afneemt en wie dan de portokosten betaalt. Wie stuurt recensie-exemplaren op? **Er zijn geen domme vragen!**

Het grote verschil tussen een internetbedrijf en een reguliere uitgeverij is, dat bij de laatste alles door de uitgeverij wordt geregeld en betaald. Van alle manuscripten die op het bureau van een uitgeverij belanden wordt maar een handjevol boeken daadwerkelijk uitgegeven. De kans om daar binnen te komen is klein, tenzij je een bekende Nederlander bent of iets zeer uitzonderlijks hebt gedaan. De reguliere uitgeverij vraagt niet om geld maar doet alles voor je, van opmaak tot redigeren, van pr tot signeersessies: kortom jij hoeft alleen maar het boek aan te leveren. Dit houdt ook in dat je soms je verwachtingen bij zult moet stellen en water bij de wijn zult moeten doen. Samen met de uitgever wordt jouw boek gemaakt. Samen betekent geven en nemen. Wanneer je er voor kiest om een reguliere uitgeverij te benaderen vraag dan eerst naar hun voorwaarden voordat je wat opstuurt. De meeste uitgeverijen hebben deze richtlijnen op hun website staan. Houd je aan de regels die de uitgeverij stelt, anders is de kans zeer groot dat jouw manuscript direct in de prullenmand verdwijnt. Ook is het handig om in een boekhandel of bibliotheek op zoek te gaan naar (reis)boeken die jou aanspreken zodat je weet welke uitgeverijen achter deze boeken staan. Benader uitgeverijen die boeken uitgeven in jouw stijl. De kans is groter dat je dan een uitgever benadert die bij jouw boek past. Het heeft geen zin om maar lukraak wat rond te sturen. Wees kritisch. Jouw boek moet wel in hun fonds passen. Het heeft geen zin om een reisboek of reisroman naar een jeugdboekenuitgeverij te sturen.

Ik schrijf over derdewereldlanden waar de situatie soms snel kan veranderen. Als daar wat gebeurt, is het gedaan met het reizen. Hoe begrijpelijk ook. Maar dan is het gewoon fijn dat je niet de zolder vol hebt staan met reisboeken die geen mens meer wil hebben. Voor mij is daarom printing on demand de meest geschikte manier om mijn boeken te laten drukken.

Wanneer je voor een grote oplage kiest

Kies je voor de plaatselijke drukkerij om in één keer een oplage te laten drukken? Vraag dan toch bij enkele drukkerijen in de buurt een offerte aan zodat je enig idee hebt hoe de prijzen liggen. Ook de plaatselijke drukker kan mooie boeken drukken, barcodes maken en hebben vaak grafische ontwerpers in dienst die veel voor je kunnen doen. Je kunt soms een mooie korting krijgen door een advertentie van dit bedrijf in je boek te laten opnemen. Plaatselijke bedrijven zijn vaak zeer betrokken, denken met je mee en dragen ideeën aan.
Vraag hoe ze het materiaal aangeleverd willen hebben. Je kunt een boek als voorbeeld meenemen om duidelijk te maken wat jouw bedoelingen zijn. Informeer ook hoelang de offerte geldig blijft. Ook even navragen of de prijs hoger wordt wanneer na het lezen van de proefdruk nog veel veranderingen aangebracht moeten worden. Wees kritisch op 'fouten' gemaakt door de drukker, want het zou natuurlijk niet correct zijn wanneer jij hiervoor moet betalen. Vraag naar de mogelijkheid om (kleuren)foto's op glanzend papier af te laten drukken. Ik heb dit in mijn laatste Boekenplanboek laten doen en dat ziet er zó mooi uit.

Tip! Je kunt aan de drukker vragen om extra omslagen te drukken die jij dan als een folder naar de reisboekwinkels toe kunt sturen.

2. Maak ook duidelijke afspraken wanneer de boeken klaar zullen zijn zodat je alvast afspraken met de pers en boekhandels kunt maken. Dit kan je al een idee geven of er interesse is in je boek. Altijd om een proefboek vragen. Dit geeft jou nog de kans om er de laatste foutjes uit te halen.

Tip! Kijk goed of de foto's op de juiste plek staan met de bijbehorende onderschriften.

3. Als de boeken bij je afgeleverd worden even alles nakijken. Ook als het om een herdruk gaat. Problemen worden, zo is mijn ervaring, altijd netjes opgelost. Bekijk de boeken goed en blader ze door. Dit lijkt misschien een heel karwei maar je ziet vaak gauw genoeg of er een misdruk tussen zit en of het boek slecht is gebonden. Je kunt na een jaar niet tegen de drukker zeggen dat de boeken slecht gebonden zijn.

Van mijn tweede Aussie boek *Kimberley, Kakadu en Krokodillen* heb ik een tweede druk laten maken van vierhonderd boeken die allemaal vernietigd zijn. De foto's waren zo donker afgedrukt dat ze doorschenen op de volgende pagina en bij nader inzien bleek dat de boeken slecht gebonden waren en zo uit elkaar vielen. Dit heeft mij uiteraard geen cent gekost en een week later had ik een nieuwe zending boeken thuis die wel (op een uitzondering na) goed waren.

Tip! Wanneer je kiest voor een grote oplage realiseer je je dan wel dat je er een geschikte en droge plek voor moet hebben. Ook is het dan verstandig om bij je verzekering na te vragen of de boeken zijn verzekerd in geval van brand of diefstal.

Ik kan het niet laten om af en toe even te kijken en te googlen op mijn eigen naam. Is sowieso wel eens verstandig om te doen. Zo zie je soms waar je boek, tot je eigen verbazing, te koop wordt aangeboden. Of staat jouw boek ergens vermeld in een literatuurlijst. Misschien is het jouw boek dat aanbevolen wordt door een reisorganisatie ter voorbereiding op een reis. Is toch leuk om te weten? Wie weet kun je hun een mooi aanbod doen. Mocht je een Google-account hebben dan kun je een alert instellen met zoekwoorden die je zelf hebt ingesteld. Je krijgt dan een seintje wanneer deze trefwoorden ergens verschijnen.

*E*n dan... je boek is klaar

Tip! Wees niet arrogant, bestel eerst maar één boek. Lees het kritisch door, corrigeer en pas aan waar dat nodig is en bestel dan de aantallen die je denkt te kunnen verkopen. Overschat jezelf niet.

1. Boekhandels willen vaak een korting van 40%; dat is dan voor hen de opbrengst. Houd daar rekening mee wanneer je de verkoopprijs vaststelt. Mijn ervaring is dat de meeste winkels akkoord gaan met een lagere marge.
In Nederland is de uitgever degene die de prijs van een boek bepaalt. Vergeet niet om gemaakte kosten zoals: papier, inkt, ISBN, barcode mee te laten wegen in de prijs. In Nederland geldt de wet op de vaste boekenprijs. Daar kan niet aan getornd worden. Jouw boek kost bij Bol net zoveel als bij de plaatselijke boekhandel.

2. Zorg voor een stuk in de krant, TV Oost, AT5, jouw eigen lokale omroep, internetnieuwsdiensten, huis-aan-huiskranten, clubbladen, reistijdschriften, vaktijdschriften, personeelsbladen enzovoort. Misschien wil je wijkkrant je graag interviewen. Schrijf je over de zogenaamde derdewereldlanden, dan kun je ook contact opnemen met gespecialiseerde tijdschriften. Een artikel in je eigen regiokrant is meestal geen probleem. Kijk bij welke tijdschriften jouw boek past. Schrijf je over een Aziatisch land dan kun je het blad *Azië* benaderen. Het mooie tijdschrift *Oog voor Afrika* is een magazine gespecialiseerd in Afrika, en dan met name zuidelijk Afrika. Ook op internet zijn heel wat forums en websites te vinden waar je de lezer attent op je boek kunt maken. Ook zijn er bloggers en influencers die veel aandacht weten te generen en vaak een eigen publiek hebben. Een eigen website is ongelofelijk belangrijk wanneer je je eigen boeken wilt verkopen. Ik verkoop de meeste boeken via mijn eigen website, social media en mijn nieuwsbrief. Ook boekhandels bestellen alleen nog via de mail.

Tip! Een mailadres met je eigen naam komt betrouwbaarder over dan een Hotmailadres.

5. Organiseer een leuke reisavond en presenteer je boek. Soms lukt het om de prijs te drukken van de zaalhuur door bijvoorbeeld het plaatselijk reisbureau een stand te laten inrichten. Ken je een bekend persoon die voor aandacht van de pers kan zorgen dan kun je die misschien uitnodigen om het eerste boek aan te overhandigen; dit levert gegarandeerd meer reclame op. Misschien kun je bij je eigen bibliotheek een presentatie houden. Ook veel boekwinkels staan open voor een boekpresentatie. Veel reuring in de winkel voor weinig onkosten. Realiseer je je dan wel dat de verkoop via de kassa gaat.

6. Zorg dat het boek er verzorgd en aantrekkelijk uitziet. Mensen beoordelen het boek aan de buitenkant. De achterkant is minstens zo belangrijk als de voorkant.

De klant pakt een boek op, bekijkt de voorkant om vervolgens de flaptekst te lezen. Dus de flaptekst moet
zowel uitnodigend als prikkelend zijn. Ik besteed hier
echt aandacht aan. Ik schrijf vaak de flaptekst als eerste.
Het is de kunst om in minder dan tweehonderd woorden
tot de kern van het boek te komen. In de beperking zit
de uitdaging.

Tip! Krijg je een keer een mindere of een ronduit slechte
recensie? Even laten bezinken en dan proberen zo eerlijk
mogelijk naar de recensie te kijken. Misschien zit er een
grond van waarheid in. Misschien staat er iets waar je bij
een volgend boek je voordeel mee kunt doen. Ik reageer
nooit op een recensie.

7. Persoonlijk vind ik dat een reisboek niet duurder dan
25 euro mag zijn; mensen moeten het ook als cadeau
kunnen kopen/geven. Je kunt de prijs 'drukken' door
advertenties/sponsors. Maar goed, heb je een prachtig
boek met mooie kleurenfoto's dan kun je meer vragen.
Kleurenfoto's zijn mooi(er) maar maken het boek duurder. Je moet er gewoon voor zorgen dat de prijs-kwali-
teit verhouding klopt.
Realiseer je wel dat de praktijk uit zal wijzen dat je veel
boeken op zult sturen en dat daar dan de nodige portokosten bijkomen. Wanneer je boek zo dik is dat het niet
door de brievenbus kan, wordt het verzenden duur. Zorg
ervoor dat op de factuur ook het BIC-nummer van je
bank staat: voor je buitenlandse kopers. Misschien werk
jij met het sturen van een tikkie of vooraf betalen?

Tip! Ik verstuur alles met 9% BTW. Portokosten worden ook als inkomsten gezien. Daarom spreek ik liever over verzendkosten omdat mijn klanten iets meer betalen dan alleen de portokosten. Behalve de zegels koop je ook enveloppen, inpakpapier, adresstickers of iets dergelijks. Op een boek zit boek 9% BTW, dit geldt dan ook voor de verzendkosten. De inhoud van het pakket bepaalt de hoogte van de BTW op de verzendkosten. Ik ontvang BTW, ik draag BTW af en soms krijg ik BTW terug.

8. Stuur/mail een wervende folder naar de (reis)boekhandel. Nog beter is het om de winkels persoonlijk te bezoeken. Als je naar de boekhandel gaat, neem dan ook een factuur mee. Als men dan besluit om boeken af te nemen, heb je alles bij de hand. Vermeld op de factuur duidelijk je banknummer en betalingstermijn. Ook komt het voor dat een boekhandel liever eerst enkele boeken in consignatie heeft en pas betaalt wanneer ze zijn verkocht. Ik heb daar nooit problemen mee. De plaatselijke boekhandel moet je zeker inschakelen en ook in de streekkrant vermelden dat het boek daar te koop is. Ook kun je de boekhandels benaderen in de regio waar de streekkrant wordt gelezen.

Tip! Ga eens online kijken of in de bibliotheek welke tijdschriften misschien interessant zijn om jouw persbericht naar toe te sturen. Over bijna elke hobby, beroep of vakgebied is een bijpassend tijdschrift.

9. Zo gauw je boek in de winkel ligt, is het verhaal niet meer van jou. Mensen zullen er dingen uithalen die jij absoluut niet bedacht hebt. Ook krijg je leuke en minder leuke reacties van lezers. Mensen weten 'meer' van jou dan jij van hen. Dit kan in het begin soms vreemd overkomen. Over het algemeen zijn de reacties die ik heb gekregen leuk en soms zeer zinvol. Ook zullen er negatieve recensies verschijnen. Het hoort er allemaal bij. Incasseren en weer doorgaan.

Tip! Vraag mensen of ze een recensie willen plaatsen, op Bol.com, Hebban, Amazon, Bruna of welk verkoopkanaal voor jou interessant is. Hoe meer recensies hoe beter. Deze verkoopgiganten hebben echter slimme software en pikken je er zo uit als er veel recensies verschijnen die verstuurd zijn vanaf hetzelfde IP-adres.

*P*ersbericht

Tijd om je persbericht de wereld in te sturen. Laat je leiden door de regel van vijf:

WWWWW

Wie, wat, waar, waarom en wanneer.

Als je deze vragen hebt beantwoord in je persbericht dan moet het goed zijn. Ik verstuur elk persbericht persoonlijk naar de redactie of journalist. Ik laat dat terugzien in de aanhef. Ik verstuur nooit een neutraal persbericht in een BCC-groep. Ik benader een krant soms anders dan een vakblad.

1) Stel je even voor. Niet iedereen weet wie je bent of kent zelfs maar je naam.
2) Maak direct duidelijk waar je bericht over gaat.
3) Bij een activiteit; wees secuur in de datum en aanvangstijden. Niets is zo vervelend als feiten die niet kloppen.
4) Natuurlijk kun je altijd de pers uitnodigen om bij je boekpresentatie aanwezig te zijn zodat er na afloop een artikel geschreven kan worden.
5) Soms kun/moet je een persbericht versturen waar een embargo voor geldt, maak dit dan goed duidelijk in je bericht.
6) Een persbericht met een 'pakkende en korte' titel zal eerder de aandacht trekken dan een uitgebreide en wat saaie titel.

7) Denk er aan om je bericht op tijd te verzenden. Kranten en tijdschriften hebben deadlines.

8) Plaats je volledige persbericht in de mail én als bijlage. Zet altijd **'persbericht'** aan het begin van je bericht en sluit af met **'einde persbericht'** zodat in één oogopslag duidelijk is wat wel en wat niet voor publicatie bestemd is.

9) Bied aan voor passende foto's te zorgen die vrij van rechten gebruikt mogen worden.

10) Vermeld je contactgegevens en website.

11) Geef aan dat je graag een interview wilt geven om een en ander nader toe te lichten.

12) Laat weten dat je een terugkoppeling op prijs stelt of jouw bericht geplaatst gaat worden of dat het in de digitale prullenbak verdwijnt.
Mocht men het niet plaatsen, vraag dan waarom niet. Misschien kun jij met het antwoord je voordeel doen voor een volgende keer. Sommigen zullen aangeven het te plaatsen, anderen niet en wordt het toch geplaatst.

13) Sommige kranten beschouwen het als een vorm van reclame om een artikel te schrijven over een boek. Zij vinden het een product dat verkocht moet worden. 'Plaats maar een advertentie,' kreeg ik eens als reactie.

14) Houd er rekening mee dat men vaak iets zal veranderen of aanvullen aan je tekst. De journalist die het plaatst heeft ten slotte het laatste woord. Ook plaatst men soms een foto die zij nog in het archief hebben.

15) Bewaar de persberichten die je ooit hebt verstuurd en aan wie. Soms kun je hetzelfde bericht (her)gebruiken en soms wil je totaal iets anders schrijven. Houd een knipselmap bij van geplaatste berichten. Je kunt dan desgewenst nalezen wat men uiteindelijk van jouw bericht heeft gemaakt. Soms kun je hier je voordeel mee doen bij een volgend bericht.

16) Zorg dat je bereikbaar wanneer je je persbericht eenmaal hebt verstuurd. Reageer snel op vragen.

17) Een interview kan soms als 'koud' nieuws worden beschouwd. Het hoeft dan niet voor een bepaalde datum geplaatst te worden. Het heeft bij mij eens drie weken geduurd.

18) Soms krijg je inzage in het interview en kun je op- en aanmerkingen doorgeven. Ik kijk dan vooral naar de feitjes. Of die kloppen. Over het verhaal ben ik altijd zeer terughoudend. Je moet natuurlijk niet het interview (her)schrijven.

19) Realiseer je wel dat je als het ware een soort van gunst vraagt. Wees niet dwingend. Jouw bericht is een van de vele die dagelijks binnenkomen bij de redactie.

20) Ik stuur na plaatsing altijd een bedankje.

TIP! Verzamel een week lang alle huis-aan-huiskranten. Je zult verbaasd zijn wat er allemaal op je deurmat valt. Zoek in het colofon waar je je persbericht naartoe kunt sturen.

Nuttige adressen

Bureau ISBN
www.isbn.nl

Geen boek zonder een ISBN-nummer. Maar wat is dit nu precies?
Het ISBN (*Internationaal Standaard Boek Nummer*) is een uniek, wereldwijd gebruikte nummer. Je zou kunnen zeggen het DNA van het boek. Het isbn-nummer maakt elk boek uniek, herkenbaar en makkelijk te vinden. Vanaf 1970 krijgen de boeken hun eigen nummer. Inmiddels zijn er meer dan 150 landen die dit systeem gebruiken. Wanneer je via een uitgeverij uitgeeft zorgen zij voor het ISBN-nummer. Een 'los' ISBN is niet goedkoop.
Belgische auteurs hebben ook de mogelijkheid om een ISBN aan te vragen bij **www.boekenbank.be**

www.boek.nl/nur

Naast het ISBN gebruikt de boekenwereld ook het NUR nummer. Dit is een plaatsingsysteem voor de boekhandels. Je kunt het voor in het boek, onder het ISBN-nummer vermelden. Je bent niet verplicht om dit te doen net zoals een boekhandel niet verplicht is om dit systeem te hanteren. NUR staat voor Nederlandstalige Uniforme Rubrieksindeling. Het nummer geeft het onderwerp van het boek weer. Alle reisboeken, reisgidsen, wandelboeken en dergelijke vallen in de 500 categorie; die weer verdeeld is in verschillende subcategorieën.

Kamer van Koophandel
www.kvk.nl

Als je je laat registeren als uitgever of zzp'er, kun je natuurlijk de mooiste naam verzinnen. Wat jij wilt. Ik heb bewust voor mijn eigen naam gekozen. Het zou zonde zijn om voor een andere naam te kiezen. Omdat ik al enige bekendheid had opgebouwd, was mijn eigen naam de beste keuze. Uiteindelijk hoop je als auteur dat jouw naam onlosmakelijk met je boeken wordt verbonden. Mijn officiële bedrijfsnaam is **Ada Rosman-Kleinjan reizen en schrijven**. Een vlag die de lading naar mijn gevoel volledig dekt. Via mijn bedrijf geef ik vervolgens mijn reisboeken uit die **WOMBAT reisboeken** heten. Deze naam is een verwijzing naar de knuffel die we hebben gekocht als aandenken aan onze eerste grote reis: een wombat. (Een wombat is een buideldier uit Australië). Wanneer je denkt meer boeken uit te zullen geven dan zou ik zeker overwegen om dit te doen. Het staat gewoon professioneel. Je maakt dan tevens duidelijk dat het meer dan een hobby is. Na inschrijving krijg je een BTW-nummer en je moet dan BTW afdragen, of terugvragen van je bedrijf. Ik boek de gemaakte onkosten en alles wat ik ontvang netjes en eerlijk in. Een registratie bij de KvK kan handig zijn en heeft zeker zo zijn voordelen. Realiseer je wel dat je dan een boekhouding bij moet houden en vier keer per jaar de BTW moet aanleveren. Ook maakt de accountant elk jaar een *Fiscaal rapport aangifte inkomstenbelasting*.

Soms vraag je je af, kan ik dit nu wel of niet opgeven als onkosten? Mijn accountant gaf me deze tip: 'Maak je deze kosten voor je bedrijf? Ja, dan opgeven, nee, dan niet doen.' Helder en duidelijk. Ik bedoel hiermee de kosten die ik thuis maak en als voorbereiding op onze reizen. Laptop? Camera? Rugzak? Bij twijfel doe ik een beroep op mijn accountant. Regels veranderen regelmatig. Of je de reis mag declareren waarover je een boek gaat schrijven? Daarvoor verwijs ik je graag naar de belasting en/of je accountant!

De Nederlandse Bibliotheek Dienst/Biblion
Bezoekadres: Huygenstraat 1
2721 LT ZOETERMEER
postadres: Postbus 7454
2701 AL ZOETERMEER
t.a.v. Afd. Aanbodselectie
www.nbdbiblion.nl

Stuur twee boeken (gratis) naar bovenstaand adres. Hier worden de boeken gerecenseerd en beoordeeld voor de bibliotheken. Een herdruk kun je tachtig weken na het verschijnen van de eerste druk weer aanbieden. Eén exemplaar is dan genoeg. In de begeleidende brief vermeld ik de verkoopprijs en de korting die zij krijgen. Ik ben daar altijd helder in. Zij willen graag een korting van 43% bij algemene boeken zoals mijn reisboeken. Mijn ervaring is dat ze ook akkoord gaan met een minder hoge korting. Ook geef je aan bij wie ze een eventuele bestelling kunnen plaatsen. Op hun website is een voorbeeldbrief te downloaden. Voor elk vakgebied heeft de NBD recensenten. Een kinderboek door een technisch specialist laten recenseren schiet natuurlijk niet op. Naar aanleiding van deze recensie (de zogenaamde aanschafinformatie) besluit men het boek wel of niet te kopen. Een plattelandsbibliotheek bedient natuurlijk een ander publiek dan een bibliotheek in een universiteitsstad. Voor de meeste bibliotheken worden de boeken centraal ingekocht en hebben de bibliotheken een klein budget voor boeken die ze bijvoorbeeld direct van de auteur kopen. Zo verzorgt Rijnbrink voor de provincies Overijssel en Gelderland de inkoop en leveren zij diverse andere diensten aan de bibliotheken in deze provincies. Een regionaal of lokaal uitgegeven boek dat interessant is voor een klein publiek kun je beter zelf aan de bibliotheek aanbieden.

Een mooie recensie levert een grotere bestelling op dan een mindere, dat mag duidelijk zijn. De NBD krijgt de bestellingen van de bibliotheken. Zij verzamelen alles en plaatsten dan in een keer de bestelling rechtstreeks bij de uitgeverij of direct bij de auteur. Je krijgt alleen het aantal door en niet welke bibliotheek jouw boek heeft besteld. De NBD handelt alles af: bestellingen, inwerken en uitleenklaar maken van de boeken, levering aan de bibliotheek of aan het bedrijf die deze diensten verzorgt voor de bibliotheek. De NBD verzorgt de betaling aan de uitgever/selfpubber. Het kan wel drie tot vier maanden duren voordat je een recensie en eventuele bestelling krijgt.

Mijn boek *Olifanten in de nacht* was goed voor een bestelling van 143 boeken. Een topper voor mij. Maar deze tijden zijn voorbij. Meestal worden er nu twee boeken per provincie ingekocht. Niet elk boek wordt automatisch meer door de NBD geaccepteerd. Na een paar weken krijg je dan een afwijzing. Bij weigering, tenzij het helder is waarom je boek is afgewezen, kun je altijd om de reden vragen zodat je hier in de toekomst misschien je voordeel mee kunt doen. Ben je helemaal doodongelukkig van de gekregen recensie of je hebt ernstige twijfels bij de inhoud van de recensie; je kunt protest aantekenen. Misschien twijfel je er zelfs aan of de recensent het boek wel heeft gelezen. Dit is naar mijn idee de enige recensie waar je op kunt reageren als je het er niet mee eens bent.

Op de website is veel informatie te vinden. Wanneer een boek niet in de collectie wordt opgenomen sturen zij het niet meer retour. Van de ruim 25.000 boeken die de NBD jaarlijks krijgt aangeboden komen uiteindelijk zo'n 15.000 titels in de bibliotheken terecht. Vooral in eigen beheer uitgegeven boeken worden lang niet altijd geaccepteerd. Heel jammer want er zitten echte pareltjes tussen. Mijn ervaring is, als je eerste boek geaccepteerd is door de NBD dan maken je volgende boeken ook meer kans. Het staat je natuurlijk vrij om je eigen boek in je eigen woonplaats aan te bieden aan de bibliotheek. Veel bibliotheken schaffen graag alles aan wat er in hun eigen gemeente wordt uitgegeven. Sommige bibliotheken hebben hier zelfs een speciale streekkast voor. Onze bibliotheek koopt altijd alles in.

In België koopt elke bibliotheek zelf in en kent men niet het systeem zoals de Nederlandse NBD. Je kunt natuurlijk de gegevens van de Belgische (Vlaamse) bibliotheken opzoeken en je boek zelf aan bieden....

www.worldcat.org

De wereldcatalogus van bibliotheekboeken. Hier zijn meer dan twee miljard items te vinden. Zo kun je erachter komen waar jouw boek in de bibliotheekkast staat. Tik je naam in, dan op de titel en hoppa, daar staan jouw boeken.

Dedicon
www.dedicon.nl

De NBD kan boeken aanmelden bij Dedicon. Een boek wordt ingesproken en is beschikbaar als luisterboek voor onder ander de bibliotheken. Mijn boek *De vrouwen van Kafountine* kwam hiervoor in aanmerking. Ik kreeg een mail of ik hiermee akkoord ging. Natuurlijk. Er werd een eenmalige vergoeding overgemaakt en ik was zo trots als een pauw. Ik kreeg ter attentie een cd-rom toegestuurd van mijn tweede Australië-boek *Kimberley, Kakadu en Krokodillen*. Zo kwam ik er achter dat hier ook een luisterboek van was gemaakt. Ik had geen idee. Ik stopte de cd-rom in mijn laptop en luisterde naar een aangename vrouwenstem die woorden voorlas die ik heel lang geleden had geschreven. Een bijzondere ervaring.

Stichting LIRA
www.cedar.nl / www.lira.nl

Je kunt hier informatie krijgen wanneer je denkt in aanmerking te komen voor leenrechtvergoedingen voor de boeken die in de bibliotheken worden uitgeleend. Elk jaar krijg ik een mail met een lijst van mijn boeken die bekend zijn bij deze stichting. Er wordt gevraagd om deze lijst na te kijken. Soms mist er een titel, is een titel eraf gehaald omdat deze boeken niet meer in de bibliotheken staan, inmiddels zijn afgeschreven of domweg te weinig zijn uitgeleend. Ik kijk het altijd even secuur na. De verdeling van deze leenrechtvergoeding, een paar centen per uitlening, is gebaseerd op een landelijke steekproef die door de Stichting Leenrecht en door de Nederlandse Openbare Bibliotheken gezamenlijk wordt uitgevoerd.

Vaste boekenprijs
www.cvdm.nl

In Nederland kennen we de vaste boekenprijs. De prijs wordt vastgesteld door de uitgever en als selfpubber doe jij dat zelf en geldt voor alle boekwinkels. Voor internetwinkels als Bol en voor de boekhandel in je woonplaats. Je kunt hier je boeken aanmelden. Het maakt niet uit of je je boek zelf uitgeeft of via een uitgeverij. Alle Nederlandse boeken, behalve E-books, vallen hieronder. Deze prijs geldt voor twee jaar. Daarna mag het boek tegen elke prijs verkocht worden.

Koninklijke Bibliotheek
Depot van Nederlandse Publicaties
afd. Acquisitie Boekpublicaties
Antwoordnummer 13018
2501 VC DEN HAAG
www.kb.nl

Hier wordt van elk boek dat in Nederland wordt uitgeven een exemplaar bewaard. Je stuurt een gratis boek op; het is een antwoordnummer dus geen porto. Het gebeurt op vrijwillige basis maar wordt door bijna iedereen gedaan. 98% van wat in Nederland wordt uitgeven, is hier te vinden. In de begeleidende brief wel de adviesverkoopprijs vermelden. Ze zijn wel bereid om voor je boek te betalen als je een klein budget hebt. Ik stuur altijd een factuur mee (boekhandelsprijs). Wordt altijd netjes betaald.

Scanology B.V.
www.scanology.nl

Hier kun je een barcode (ook online) aanvragen. Zij leveren ook ISBN-nummers. Veel uitgeverijen en drukkerijen maken zelf barcodes. Wanneer ik een nieuw boek aanmeld bij BoD krijg ik tegelijk met het ISBN-nummer ook een barcode; zit allemaal bij de prijs is. Vraag hier naar als je een prijsopgave laat maken bij een uitgeverij. Ook zijn er websites waar je gratis een barcode kunt laten maken. Een barcode hoort op een boek.

Centraal Boekhuis
www.cb.nl

Het Centraal Boekhuis, in Culemborg, is ruim 145 geleden jaar opgezet door uitgevers en boekhandelaren. Het
CB verzorgt de opslag voor de uitgevers en distribueert
de boeken en nu ook E-books in Nederland en België. De
meeste uitgeverijen hebben hier hun boekenvoorraad
staan. De boekhandel kan inloggen en in een oogopslag
zien of het gewenste boek bij het CB op voorraad is. Ook
kan de boekhandel dan in één bestelling boeken van verschillende uitgeverijen tegelijk bestellen. Er bestaat de
mogelijkheid voor selfpubbers om hun boeken hier op
voorraad te houden. Daar hangt uiteraard een prijs-
kaartje aan. Ook bieden zij een eigen printing on demand service aan. Het CB is een begrip in de boekenwereld. Er zijn selfpubbers die gebruik maken van verschillende diensten van het CB. Veel internetbedrijven
maken gebruik van het Centraal Boekhuis.

Vervoerscentrale

De meeste boekhandels zijn aangesloten bij de Ver-
voerscentrale. De VC verzorgt de levering van boeken
van het Centraal Boekhuis naar de boekhandel. Ook voor
de boekhandels onderling bezorgen zij boeken. Zo kan
een streekboek in Groningen via de VC bezorgd worden
bij een klant van een boekhandel in Maastricht; ervan
uitgaande dat deze titel niet ondergebracht is bij het
Centraal Boekhuis. Bij de ene boekhandel komt de

vrachtwagen één keer in de week voorrijden en grote boekhandels worden elke dag bevoorraad; zelfs op zaterdag. Niet elke boekhandel is bij deze bezorgdienst aangesloten. Heb jij een goed contact met de plaatselijke boekhandel? Misschien kun je dan via hun aansluiting jouw boeken bezorgd krijgen in de boekhandel elders in het land. Zij leveren ook aan de Nederlandse Bibliotheek Dienst. Naast de kosten voor deze aansluiting, moet een boekhandel per verzending nog een kleine bijdrage betalen. Er zijn twee tarieven: tot tien kilo en daarboven.

www.beterspellen.nl

Meld je aan en ontvang elke werkdag vier vragen op taalgebied. Bijzonder leerzaam, mede door de heldere uitleg. Mijn Nederlands is er beslist op vooruit gegaan.

Verkoopmogelijkheden

Je boek is klaar en misschien denk je nu dat de grootste klus is geklaard. Niks is minder waar. Graag help ik je uit die droom. Nu moet het boek nog verkocht worden. Het lastigste, tevens het meest uitdagende deel in het proces van alles zelf doen, vind ik toch de pr en de verkoop. Dan ben je eindelijk in het bezit van je eigen boek, maar hoe bereik je de lezer? Het is echt een uitdaging, maar haalt ook veel creativiteit naar boven. Ik vind het zelf prettig om contact met collega's te hebben. Om open te staan voor hun ideeën. Hun idee kan jou weer op een idee brengen. Je hoeft echt niet iedere keer weer opnieuw het wiel uit te vinden. Ook na je eerste boek is en blijft het hard werken om je boek aan de man of de vrouw te brengen. Het is de kunst om niet opdringerig te zijn, wel trots en uiteindelijk is er helemaal niks mis mee dat je graag je boek wilt verkopen. Maar goed, je gelooft zelf in je boek, dus mouwen opstropen en aan de slag!

Als selfpubber zul je waarschijnlijk de grootste verkoop halen uit het zogenaamde *direct selling*. Rechtstreeks van de auteur aan de klant. Met andere woorden: lekker zelf doen. Via je website, social media, beurzen of markten. Je marge is beduidend meer dan de verkoop in de boekwinkel, maar het plezier en het contact met je lezers is misschien nog wel de grootste winst.

Het eerste exemplaar

Het eerste exemplaar van je nieuwe boek. Dat kun je natuurlijk zo creatief, duur, geruisloos of met veel tamtam de wereld insturen. Een boekpresentatie in de plaatselijke boekwinkel, in het buurthuis, in een gezellig restaurant of in je eigen tuin. Je kunt iemand uitnodigen aan wie je het eerste boek overhandigt. Wij hebben diverse keren zeer succesvolle lezingen gegeven. Jan liet een wervelende presentatie zien en horen en ik richtte een boekentafel in. Soms nodigden we andere mensen uit om een tafel in te richten. Het geeft reuring in de pauze en zo gun je een ander ook iets. Zo hadden we bij onze lezing over onze Uganda-reis twee vrienden bereid gevonden om alle gasten te verwelkomen in een gorillapak. Het was een groot succes, veel mensen en super verkocht. Bij de presentatie van mijn Ethiopië-boek hadden we een pas geopend koffiezaakje in onze woonplaats uitgenodigd om 's avonds, op traditionele Ethiopische manier, koffie te branden. Dat door de rook het brandalarm niet afging, was een gelukje. Een avond waar we ook met veel plezier op terugkijken. De wereldwinkel richt graag een stand in en zo is er meer te verzinnen.

Tip! Zorg ervoor dat je voldoende tijd hebt tussen de levering van je boeken en de presentatie. Stel je voor dat er in de drukkerij iets mis gaat, of alle boeken worden niet correct aangeleverd. Een collega kreeg alle boeken netjes thuisbezorgd. Helemaal blij maakte ze de eerste doos open. Wat bleek, ze waren niet goed gelijmd en alle bladzijden vielen eruit. Een nachtmerrie als je de volgende dag je presentatie hebt. Uiteraard werd dit netjes opgelost. Geef jezelf de tijd om nieuwe boeken te bestellen zodat je geen presentatie zonder boeken hebt.

Signeren

Is leuk. Je ontmoet je lezers en er is vaak tijd voor een praatje. Voor mij was het absolute hoogtepunt: signeren in Afrika. In Gambia en wel liefst twee keer. Toen we voor de tweede keer naar Gambia gingen, werd ik vriendelijk uitgenodigd om een middag te komen signeren in boekhandel Timbooktoo. (zie foto voorkant)
Ik genoot, er was interesse en oprechte belangstelling. Na afloop namen ze ook boeken af voor hun winkel. Een jaar later ging mijn signeersucces in de herhaling. Nu samen met een Belgische mevrouw die woont en werkt in Gambia en ook twee boeken had geschreven. Het leuke was dat mensen soms speciaal voor haar of mij kwamen en interesse hadden in die andere auteur.
Signeren kan ook spannend zijn. Zit je daar in je uppie achter een tafel met boeken en dan hoop je dat er mensen komen die de kassa laten rinkelen. Kijk eens om je heen. Wie weet is er een schrijver waar je samen me op kunt treden. Zo heb ik een keer een heel geslaagde middag gehad met een collega die spannende boeken schreef. Ook de middag met een vriendin die enkele gedichtbundels had uitgebracht, was zonder meer een succes. Er vond een leuke kruisbestuiving tussen de bezoekers plaats. Realiseer je je dan wel dat de verkoop

via de kassa van de winkel gaat. In deze voorbeelden zorgde de winkel voor de koffie en de thee en namen wij wat lekkers mee.

'Ik ga mijn presentatie over jou en je boeken houden op school,' zei een nichtje van mij. 'Wil je dan meegaan naar school als ik dit doe? Dan kunnen ze jou ook in het echt zien,' kwam er achteraan. Natuurlijk. Het was een feestje om te doen; nichtje en tante hebben genoten.
Ik kom vaker op scholen. Tijdens de Kinderboekenweek of in een themaweek die aansluit bij mijn boeken of onze reizen. Natuurlijk kopen de kinderen geen boeken. Maar het is leuk om te doen. Kinderen stellen andere vragen en wie weet stimuleer je een kind om ook te gaan schrijven. Zo heb ik een paar keer in de jury gezeten van een voorleeswedstrijd op basisscholen. Lang geleden werd ik eens uitgenodigd om plaats te nemen in de jury voor het beoordelen van prachtige wereldwonderen. Kinderen hadden tijdens de Kindervakantieweek fantasierijke wonderen gemaakt. Het mooie is je komt op plaatsen en plekken in je eigen dorp of stad waar je anders zo niet komt. Je naam is blijkbaar bekend, er wordt over jou gepraat en wie weet nemen ze de volgende keer wel jouw boek wel mee uit de bibliotheek. Zo werd ik een keer uitgenodigd voor een literaire avond in mijn woonplaats in het kader van *Nederland leest* met als thema 'Voeding voor de geest'.
Wat ik duidelijk wil maken is, als je ergens voor uitgenodigd wordt, probeer ervoor open te staan. Los van dit alles is het gewoon leuk om te doen.

On Friday 24th at 5 o'clock, at Timbooktoo, we are pleased to invite all Dutch-speaking people in the Gambia to meet the author of a new guidebook to the Gambia, Ada Rosman-Kleinjan.

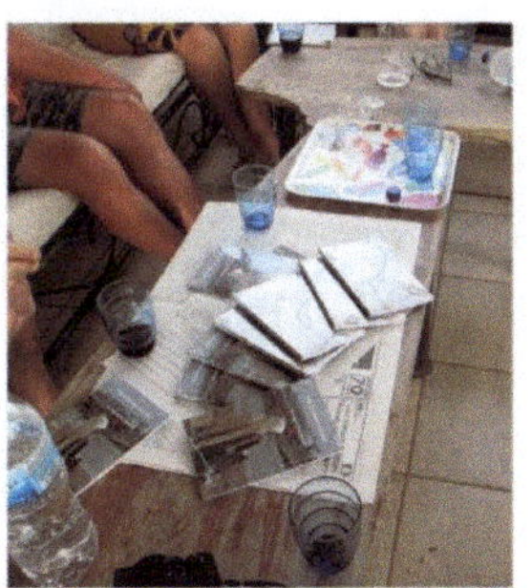

Website

Een eigen website is een wezenlijk en essentieel onder-
deel van je schrijverschap. Je eigen plek waar de lezer je
kan vinden, je boek kan bestellen, je kan leren kennen.
Ik blog graag tijdens onze reizen. Het genereert aandacht en zo komt de lezer misschien al in de stemming
om later het boek te kopen over de reis die ik aan het
maken ben. Ik zou elke reiziger die van plan is een boek
over haar/zijn reis te schrijven, aanraden om te bloggen
tijdens het reizen. Het is leuk om te doen, je krijgt
reacties en soms is het achteraf een prettig geheugensteuntje voor je boek. Deze blogs blijven op mijn website
staan. Ik heb ervoor gekozen om mijn eigen naam als
websitenaam te kiezen. Ook heb ik de domeinnaam
wombatreisboeken geclaimd.

Tip! Zorg dat jouw naam sowieso in jouw bezit komt.
Kost maar een paar euro. Registreer je naam. Ook al ben
je niet van plan om een website te maken. Het zou natuurlijk vervelend zijn wanneer iemand er met 'jouw'
naam vandoor gaat. Ook als je voor een andere naam
kiest dan je eigen naam, dan nog zou ik mijn eigen naam
vastleggen. Stel je voor dat jij net die bestseller schrijft
waar iedereen over praat. Een slimmerik claimt je naam
die jij voor veel geld terug kunt kopen.

Nieuwsbrief

Vanaf 2007 verstuur ik trouw elke twee maanden een nieuwsbrief. Zou het iets zijn? Zaten mensen er wel op te wachten? Ik vond het spannend om de eerste brief te versturen. Het viel in de smaak. De nieuwsbrief wordt gevuld met nieuwtjes over mijn boeken, onze lezingen, foto-exposities en reizen. Ook besteed ik soms aandacht aan collega-reisboekenschrijvers, een mooie expositie die we hebben bezocht of een bijzonder reisbureau. Alles wat ik erin vermeld heeft een link met reizen en schrijven. Het is een fijne manier om contact met je doelgroep te hebben en te houden. Je bouwt een mooi adressenbestand -dat zo ook actueel blijft- op. Je blijft zichtbaar. Het is altijd een klus maar werpt zeker zijn vruchten af. De lezer raakt betrokken bij jou en je boeken. Zeker een aanrader als je van plan bent om meer boeken uit te geven. Begin daarom op tijd met het verzamelen van adressen. Er zijn verschillende programma's om een nieuwsbrief te maken. Veel mensen gebruiken **www.mailchimp.com**.

Ik maak een PDF die ik als bijlage verstuur. In de begeleidende mail altijd een persoonlijk 'praatje'. De nieuwsbrieven die ik zelf het meest geslaagd vind of waar ik leuke reacties op heb gehad, gebruik ik weer als flyers. Maak het wat persoonlijk, de mensen vinden het leuk om je beter te leren kennen. Verstuur de brief met je achternaam/bedrijfsnaam en in BCC. Alleen een voornaam? Die belanden bij mij vaak in de spam en vind ik persoonlijk niet professioneel.

Social Media

Een must als je bezig bent met het promoten van je boek en je het leuk vindt om contact te hebben en te houden met je lezers. Het is gratis maar kost tijd en energie. Wanneer je voor social media kiest, realiseer je dan wel dat je er echt tijd voor vrij moet maken.
Ik ben actief op Facebook (Wombat reisboeken) en Instagram (ada.rosman.kleinjan). Probeer een paar keer in de week iets te plaatsen. Als het kan met een foto, dat trekt altijd meer aandacht. Strooi er af en toe een vleugje privé doorheen. Omdat in reisboeken een grote rol voor de auteur zelf is weggelegd kan dat niet moeilijk zijn. Probeer vragen die mensen via social media stellen ook snel te beantwoorden. Ik vind dat social media een vorm van wisselwerking is. Je plaatst iets en krijgt een reactie. Realiseer je wel, dat alles wat je op internet plaatst een soort van tatoeage is. Als het er eenmaal opstaat krijg je het zelden weer helemaal verwijderd. Klinkt misschien als een open deur, maar is echt iets waar je bij stil moet staan.
Sommige auteurs hebben wel social media accounts maar doen er weinig tot niets mee. Reageren niet, be-antwoorden geen vragen. Maar dan, dan komt er een boek uit dat ze dolgraag willen verkopen en worden ze ineens wakker en actief. 'Koop mijn boek, koop mijn boek.' Ik zou hier niet voor kiezen. Als je het doet, doe het dan goed en ga er serieus mee om.

Er worden veel acties op social media gehouden: deel-acties, likes verzamelen, boeken weggeven aan mensen die jou en je boeken promoten, nieuwe volgers verzamelen. Ik doe dit nooit. Dan denk ik aan al die mensen die me al jarenlang trouw volgen, mijn boeken kopen, met ons meeleven en meereizen. Als ik een keer iets weg te geven heb dan gaat dat als dat kan via mijn nieuwsbrief. Of ik plaats het op mijn Facebookpagina of Instagram, zonder dat ik er een voorwaarde aan verbind.

Tip! Maak direct een openbare Facebookpagina als je zeker weet dat je boek er gaat komen. Neem je volgers mee op je schrijverspad, vertel de leuke dingen, de obstakels, hoe blij je bent met je ISBN-nummer, de omslag die klaar is of een leuke zin die uit je toetsenbord rolt. Verzin het maar. Zo bouw je tijdens het schrijven al een *crowd* op die interesse heeft. Soms levert het ook nog mooie tips op. Hun enthousiasme kan jou net een duwtje geven op het juiste moment. Vaak delen zij de berichten en zo maak je al reclame terwijl je nog lekker aan het werk bent.

Social media werkt alleen als je het ook gebruikt. Zo plaats ik regelmatig een foto van het land waar ik een boek over aan het schrijven ben. Ook tijdens onze reizen blog ik, post foto's op mijn website die ik weer deel op social media. Alles wat relevant is deel ik graag met mijn lezers. Schrijven doe je in je eentje en zo houd ik contact met de 'buitenwereld'. Je moet natuurlijk constant laten weten dat je *alive and kicking* bent.

Beurzen, markten en festivals

Wat ik zelf leuk vind zijn activiteiten, die zich met name in de zomer afspelen, te bezoeken. Zo ga ik al jaren naar het Afrika festival in Hertme. Elk jaar een feestje. Ik sta dan met mijn boeken in de stand van een bevriend reisbureau. Ik richt een mooie boekentafel in, maak een aantrekkelijke aanbieding en zorg dat ik flyers of iets anders heb. Zoals ik al eerder aangaf, kun je ook oudere nieuwsbrieven uitprinten en als flyers gebruiken. Mensen nemen graag wat mee. Probeer dit wel zo goedkoop mogelijk te doen. Laten we eerlijk zijn, hoewel het af en toe iets oplevert, belandt toch eenmaal thuis het meeste in de papierbak. Sommige reisbureaus organiseren informatiedagen -om de reizen voor het nieuwe seizoen te presenteren- voor hun klanten. Wie weet mag je daar een boekentafel inrichten of indien je dat leuk vindt een lezing geven.
Ook braderieën of andere zomerse- en winterse activiteiten kunnen een geïnteresseerd publiek trekken. Ik zoek dan als het kan samenwerking met iemand anders. Je moet meestal betalen voor je standplaats. Het levert menig leuk contact op en vaak heb ik zelf een leuke dag gehad. Ook kunst- en kerstmarkten staan soms open voor een mooie boekenstand. Ik heb altijd een lijst klaarliggen in mijn stand waar mensen zich op kunnen geven voor mijn nieuwsbrief.

Tip! Ik heb altijd visitekaartjes bij me. Wie weet wie ik waar ontmoet.

Bol.com

De plek om je boek te verkopen. Iedereen kent Bol.com en bestelt er wel eens iets. Alle uitgeverijen en de meeste printing on demand bedrijven verkopen hun boeken via Bol. Sommige uitgeverijen vragen een bijdrage van de auteur voor plaatsing op Bol. Mocht je besluiten om alles in eigen hand te houden dan kun je een verkoopaccount aanmaken en je boek daar aanbieden. Zo gauw je het ISBN invoert komen de gegevens van het boek tevoorschijn. Hoewel je boek aangemerkt wordt als tweedehands kun je aangeven hoe de staat van je boek is bij 'toelichting conditie'. Je kunt vermelden dat het om een nieuw boek gaat dat door de auteur wordt verkocht. Bol vraagt 15% van de verkoopprijs en nog 1 euro onkosten, tel daar de verzendkosten bij en dan staat er al snel een forse prijs. Bekijk het eens, probeer het desgewenst en wie weet is het iets voor jou.

Boekwinkeltjes.nl

Een website stampvol kleine en grotere boekwinkeltjes. Ook reguliere boekhandels bieden hier hun boeken te koop aan. Je kunt foto's van boekomslagen uploaden en een korte beschrijving erbij vermelden. Je betaalt een klein bedrag per maand. Ze trekken veel bezoekers. Er worden hier tweedehands en nieuwe boeken aangeboden. Bijna al mijn boeken worden hier ook te koop aangeboden. Zelfs mijn eerste boek *Eindeloos Australië* komt zo af en toe voorbij.

Reisorganisaties

Sommige reisorganisaties of reisbureaus geven een boek of reisgids cadeau aan hun klanten. Misschien ligt hier ook een kans voor jou. Je kunt aanbieden boeken te laten drukken, exclusief voor hen, waar zij in vermeld worden als reisorganisatie en/of met hun logo. Misschien willen ze het cadeau geven in een jubileumjaar of als kerstgeschenk. Verzin het maar. Als je uitgeeft via het printing on demand systeem is dit altijd snel geregeld. Ik heb hier zelf goede ervaringen mee. Vooral de meer gespecialiseerde reisbureaus die bijvoorbeeld één land 'verkopen' kunnen geïnteresseerd zijn.

Denk vooral niet dat jouw boek zichzelf verkoopt. Mis. Je moet echt je stinkende best doen, zichtbaar zijn, zorgen voor reuring en jezelf in de markt zetten. Grijp je kans als zich een gelegenheid voordoet om je boeken te promoten. Je kunt daar niet vroeg genoeg mee beginnen. Niet achterover leunen.

Verpakken en verzenden

Ik stuur het boek op en sluit de factuur bij. Betaling na ontvangst. Vertrouwen dat zelden wordt beschaamd. Ik signeer het boek graag voor mijn klanten. Probeer daar origineel in te zijn. Als het voor een cadeautje is vraag ik naar de datum wanneer het wordt gegeven en signeer het met die datum. Verstuur ik boeken naar een boekhandel dan neem ik bij grote bestellingen de portokosten voor mijn rekening.

Bij de publicatie van een nieuw boek heb ik voor de eerste kopers een leuke passende attentie die ik vaak in het land, waar mijn boek over gaat, heb gekocht. Een houten boekenlegger uit Azië bij mijn Laos-Cambodja-boek. Een sleutelhanger bij mijn Myanmar-boek en een klein, houten, Koptisch kruisje bij mijn Ethiopië-boek. Een oorkrabbertje vergezelde het China-boek. Wordt ontzettend gewaardeerd en de verkoper in de desbetreffende landen is altijd blij met mijn aankopen. Er wel even aan denken dat het allemaal door die ene brievenbus moet. Het uitpakken is zo een klein feestje voor de klant en maakt het altijd persoonlijk. Het is net dat ene stapje extra dat het doet, dat mensen onthouden en verder vertellen. Waar word je zelf blij van als je iets hebt besteld? Grote kans, dat een ander daar ook blij van wordt. Mensen krijgen sowieso een boekenlegger, die speciaal voor mij zijn ontworpen en dus uniek zijn, bij elke bestelling.

Tip! Sluit twee visitekaartjes of meer bij, bij elk boek dat je opstuurt. Een voor de ontvanger om zelf te houden en de rest om weg te geven. Ook kun je in plaats van visitekaartjes een paar ansichtkaarten bijsluiten. Ik heb verschillende soorten kaarten laten maken. Kaarten die bij mijn boeken passen. Soms kies ik voor één foto en dan maak ik weer een collage. Ik maak meestal kaarten die bij alle titels passen. De mogelijkheden zijn legio. Natuurlijk staan daar mijn contactgegevens op. Zo kan reclame maken voor je eigen boeken leuk zijn. Ik ben zelf zeer tevreden over de kwaliteit van Vistaprint.

*T*he Indie Awards

Die eigenwijze mensen die alles zelf doen hebben sinds 2017 hun eigen *award*: The Indie Awards. Kijk op **www.theindieawards.nl** en wie weet besluit je om jouw boek aan te melden. Op deze website staan alle voorwaarden waar een genomineerd boek aan moet voldoen. Zij geven ook een nieuwsbrief uit zodat je altijd op de hoogte kunt blijven.

Deze awards zijn in het leven geroepen door Sanne Hillemans en Simone Lucchesi. Er zijn verschillende categorieën. De prijs wordt één keer per jaar, in februari uitgereikt. Een indie-auteur is iemand die independent is, dus onafhankelijk, met andere woorden, die 'alles zelf doet'. Maar… dat wil natuurlijk niet zeggen dat de auteur niet graag een award ontvangt!

𝓜eer lezen

Schrijven over reizen
Nico Kussendrager & Martin Meulenberg

*Reisverhalen schrijven * De wil en de weg*
Jan Donkers

Schrijfstijl
Heidi Aalbrecht

Van passie tot publicatie
Chris Lembeeckx

Handboek voor schrijvers
Maaike Molhuysen en Louis Stiller

Uitgeven in eigen beheer
Maarten Dessing

Het grote Schrijf-Doe-Boek
Louis Stiller

Schrijven is schrappen
Hans Hogenkamp

Zo schrijf je een boek
Esther Jacobs

*Pas op uitgevers! * Zelf boeken uitgeven * Marketing voor schrijvers * Doe het lekker zelf*
Maria Staal

55 tips over schrijven en uitgeven (E-book)
Sanne Hillemans

Hoe schrijf je een bestseller?
Maria Genova

Succes met je boek!
Maarten Carbo

Nu komt mijn boek er echt!
Sandra Di Bortolo

Schrijven kreng!
Lisette Jonkman

Over redactie
Lisa Kuitert

Publiceer jezelf!
Nanda Roep

Het is sowieso verstandig, behalve dat het gewoon leuk is, om veel (reis)boeken te lezen. Beslist niet op na te apen maar om inspiratie op te doen en gewoon om te lezen en te leren over opmaak, stijl, inhoud, foto-indeling en dergelijke. Het is sti-mulerend en inspirerend om te weten wat jouw collega's doen.

*R*eisboekwinkels

NEDERLAND

DE ZWERVER
GRONINGEN
www.dezwerver.nl

OP REIS WINKEL
LISSE
www.opreiswinkel.nl

BEVER BOEK EN KAART
ZOETERMEER
www.bever.nl

DONNER/OLIVIER VAN NOORT
ROTTERDAM
www.donner.nl

EVENAAR
AMSTERDAM
www.evenaar.net

BOEKHOLT A LA CARTE
AMSTERDAM
www.libris.nl/boekholtboekhandels/a-la-carte

SCHELTEMA
AMSTERDAM
www.scheltema.nl/piedaterre

INTERGLOBE
UTRECHT
www.interglobetravel.nl

NOORDERZON
ARNHEM
www.denoorderzon.nl

LANDSCHAP
EINDHOVEN
www.landschapreisboekwinkel.nl

DE WANDELWINKEL
DEVENTER
www.dewandelwinkel.nl

ZWERFKEI
WOERDEN
www.zwerfkei.nl

STANLEY & LIVINGSTONE
DEN HAAG
www.boekhandeldouwes.nl/stanley-and-livingstone

BELGIË

ATLAS & ZANZIBAR
GENT
www.atlaszanzibar.be

DE KAMPEERDER K2
ANTWERPEN
www.kampeerder.be

GROTE ROUTE PADEN
ANTWERPEN
www.groteroutepaden.be

ATLAS & ZANZIBAR
GENT
www.atlaszanzibar.be

ALTA VIA
Antwerpen
www.altavia.be

BASE CAMP
NIJLEN
www.basecamp.be

Tot slot: Mijn ervaring is dat er ongeveer drie soorten lezers/kopers zijn van mijn boeken.

1. Familie, vrienden en kennissen, die het leuk vinden wat jij doet en eenzelfde boek nooit van een ander hadden gekocht.
2. Mensen die alleen in dat ene land of in die ene reis zijn geïnteresseerd.
3. Mensen die gewoon dol zijn op reisboeken; ongeacht het beschreven land/reis.

Zo terugkijkend kan ik zeggen dat ik geluk heb gehad dat mijn eerste boek over Australië ging. In de jaren negentig werd het reizen van enkele maanden door Down Under populair. Men kocht een auto en ging reizen. Dat ik daar toen een boek heb geschreven, was simpel gezegd het juiste boek op het juiste moment. Er was weinig tot geen informatie over deze manier van reizen. Als mijn eerste boek een flop was geworden was het waarschijnlijk bij dat ene boek gebleven. Je moet dus mazzel hebben, de juiste mensen ontmoeten en geloven in wat je zelf doet. Gewoon doen dus en er vooral super veel van genieten.

'Soms vraagt Ada zich af, wat is leuker, schrijven of reizen? Gelukkig kan het een niet zonder het ander en hoeven er geen keuzes gemaakt te worden'

Ada Rosman-Kleinjan...

reist samen met Jan de wereld over. Zonder hem zou ze verdwalen in haar eigen woonplaats.

'Al op jonge leeftijd wist ik dat de wereld groter en mooier was dan het kleine dorp in Overijssel waar ik ben geboren. De eerste verre reis, met de KLM, naar Australië in 1982, zou de aanzet zijn tot vele grote reizen door alle delen van de wereld. Samen met Jan hoop ik nog veel mooie reizen te maken om daar vervolgens weer mooie boeken over te schrijven. Gelukkig wordt de lijst met 'daar wil ik nog eens graag naartoe landen' alleen maar langer.'

Alle informatie is met de grootste zorgvuldigheid samengesteld. Er kunnen echter geen rechten aan deze informatie worden ontleend. Het zijn mijn ervaringen, iemand anders zal andere ervaringen hebben! Wat vandaag een feit is, kan morgen achterhaald zijn.

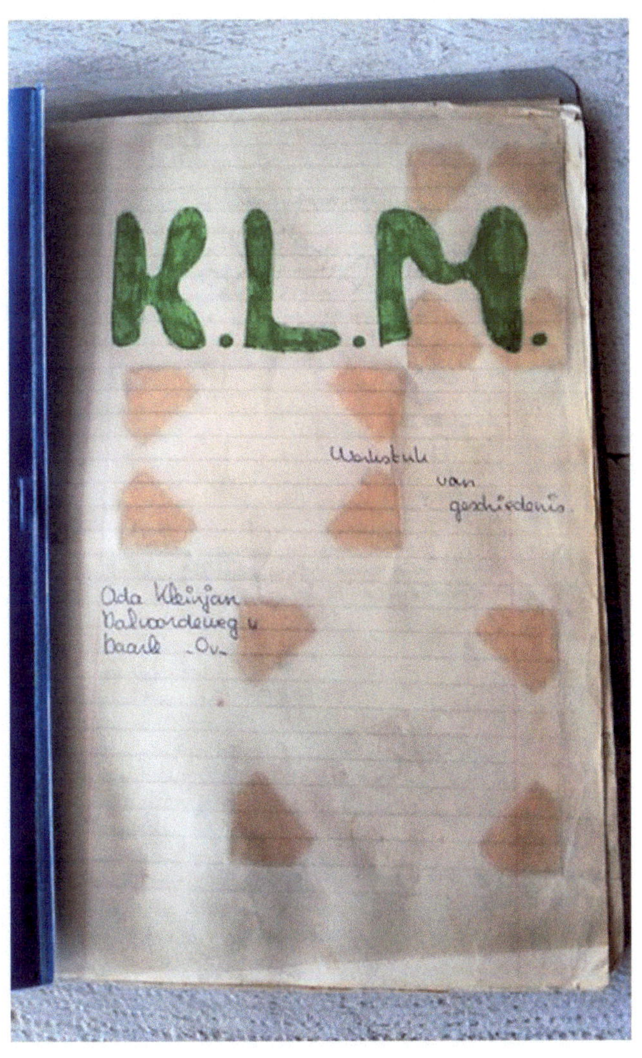

Op de MAVO in Den Ham

FSC
www.fsc.org
MIX
Papier aus ver-
antwortungsvollen
Quellen
Paper from
responsible sources
FSC® C105338